1499

HISTOIRE
LITTERAIRE.

HISTOIRE LITTERAIRE
DE
MONSIEUR DE VOLTAIRE
PAR
Mr. LE MARQUIS DE LUCHET.

TOME V.

A CASSEL,
IMPRIMÉ CHEZ P. O. HAMPE. 1780.

TABLE
DES
MATIERES
DU
TOME V.

Exposition du Livre des Institutions physiques, dans laquelle on examine les Idées de Leibnitz pag. 1. Doutes sur la mésure des forces motrices, & sur la nature, présentés à l'Academie des Sciences de Paris p. 73. Anecdotes sur Louis XIV. p. 96. Eloge de S. A. R. Madame la Margrave de Bayreith p. 138. Des usages méprisables ne supposent pas toûjours une Nation méprisable p. 170. Au Docteur Jean Jacques Pansophe, c'est-à-dire, à Mr. J. J. Roussau p. 185. Sur l'Essai de Critique du Prince de Machiavel p. 212. Sur un Livre intitulé de la Félicité publique p. 228. Sur un Livre intitulé Histoire des Tems fabuleux p. 233. Poésies p. 243.

HISTOIRE LITTERAIRE
DE
MONSIEUR DE VOLTAIRE.

Expofition du Livre des Inftitutions phyfiques, dans laquelle on examine les idées de Leibnitz.

Il a paru au commencement de cette année un ouvrage qui feroit honneur à nôtre fiècle, s'il étoit d'un des principaux Membres des Académies de l'Europe. Cet ouvrage eft cependant d'une Dame, & ce qui augmente encore ce prodige, c'eft que cette Dame ayant été élevée dans les diffipations attachées à la haute naiffance, n'a eu de maître que fon génie, & fon application à s'inftruire.

Ce livre eft le fruit des leçons qu'elle a données elle-même à fon fils, elle a eu la patience de lui enfeigner elle feule, ce qu'elle avoit eu le courage d'apprendre. Ces deux mérites font également rares; elle y en a ajouté un troifième qui relève le prix des deux autres, c'eft la modeftie de cacher fon nom.

L'ouvrage eft intitulé *Inftitutions de Phyfique*, & fe vend à *Paris* chez *Prault*, fils, *Quai de Conti*. On n'en a encore que le premier Tome qui contient vingt & un Chapitres. L'illuftre Auteur commence par un avant-propos capable de donner du goût pour les fciences à ceux à qui leur génie en a refufé. Tout y eft naturel, & en même tems fublime. Une des personnes des plus respectables qui soient en France, s'est exprimée ainsi, en parlant de cet Avant-Propos dans une de ses Lettres : „ Ce „ n'est pas vouloir avoir de l'esprit, „ c'est en avoir naturellement plus „ qu'on n'en connoisse à personne. „ Ce n'est pas vouloir écrire mieux „ qu'un autre, c'est ne pouvoir écri- „ re que mille fois mieux, elle est la „ seule dont on voye la gloire sans „ envie.

On gâteroit un tel Eloge, si on vouloit y ajouter; on se bornera donc ici à rendre compte de cet ouvrage, moins encore pour le plaisir d'en parler, que pour celui d'en faire une étude nouvelle.

Les idées métaphysiques de *Leibnitz* font l'objet des premiers Chapitres. C'est une Philosophie, qui jusqu'ici n'a guéres eu cours qu'en Allemagne, & qui a été commentée plûtôt qu'éclaircie. *Leibnitz* avoit répandu dans fa Théodicée & dans les Actes de *Leipfic* quelques idées de fes fyftêmes. Le célèbre Profeffeur *Wolf* a déja fait dix Volumes in 4to. fur ces matières, & les inftitutions de Phyfique paroiffent expliquer tout ce que *Leibnitz* avoit refferré, & contenir tout ce que *Wolf* a étendu.

De la Raifon fuffifante.

Le premier principe qu'on éclaircit avec méthode & fans longueur dans le livre des Inftitutions phyfiques eft celui de la raifon fuffifante.

Depuis que les hommes raifonnent ils ont toûjours avoué qu'il n'y a rien fans caufe. *Leibnitz* a inventé, dit-on, un autre principe de nos connoiffances bien plus étendu, c'eft qu'il n'y a rien fans raifon fuffifante. Si par raifon fuffifante d'une chofe qu'on entend ce qui fait que cette chofe eft ainfi plûtôt qu'autrement, j'avoue que je ne vois pas ce que *Leibnitz* a découvert. Si par raifon fuffifante, *Leibnitz* a entendu que nous devons toûjours rendre une raifon fuffifante de tout, il me femble qu'il a exigé un peu trop de la nature humaine. J'imagine qu'il eût été embaraffé lui-même, fi on lui avoit demandé pourquoi les planètes tournent d'Occident en Orient, plûtôt qu'en fens contraire, pourquoi telle étoile eft à une telle place dans le ciel &c.

Ainfi il me paroît que le principe de la raifon fuffifante n'eft autre chofe que celui des premiers hommes, il n'y a rien fans caufe. Refte à favoir fi *Leibnitz* a connu des caufes fuffifantes qu'on avoit ignorées avant lui.

Des Indifcernables.

Le fecond principe de *Leibnitz* eft, qu'il n'y a & ne peut avoir dans la nature deux chofes entièrement femblables. Sa preuve de fait étoit que fe promenant un jour dans le jardin de l'Evêque de *Hanovre*, on ne pût jamais trouver deux feuilles d'arbres indifcernables. Sa preuve de droit étoit, que s'il y avoit deux chofes femblables dans la nature, il n'y auroit pas de raifon fuffifante, pourquoi l'une feroit à la place de l'autre. Il vouloit donc que le plus petit de tous les corps imaginables fût infiniment différent de tout autre corps. Cette idée eft grande, il paroît qu'il n'y a qu'un Etre tout-puiffant qui ait pû faire des chofes infinies, infiniment différentes. Mais auſſi il paroît qu'il n'y a qu'un Etre tout-puiſſant qui puiſſe faire des choſes infiniment ſemblables, & peut-être les premiers élémens des choſes doivent-ils être ainſi ; car comment les eſpèces pourroient-elles être réproduites éternellement les mêmes, ſi les élémens qui le compoſent étoient abſolument différens ; comment par exemple, s'il y avoit une différence abſolue entre chaque élément de l'or & du mercure, l'or & le mercure auroient-ils un certain poids qui ne varie jamais ? La propoſition de *Leibnitz* eſt ingénieuſe & grande. La propoſition contraire eſt auſſi vraiſemblable pour le moins que la ſienne. Tel a toûjours été le fort de la Métaphyſique. On commence par deviner, on paſſe beaucoup de tems à diſputer, & on finit par douter.

De la Loi de Continuité.

La Loi de la Continuité eſt un principe de *Leibnitz*, ſur lequel l'illuſtre Auteur a plus infiſté que ſur les autres, parcequ'en effet il y a des cas où ce principe eſt d'une vérité inconteſtable. La Géométrie & la Phyſique, qui eſt appuyée ſur elle, font voir que dans les directions des mouvemens il faut toûjours paſſer par une infinité de degrés, & c'eſt même le fondement du calcul des fluxions, inventé par *Newton*, & publié par *Leibnitz*.

Newton a montré le premier que l'incrément naiſſant d'une quantité mathématique eſt moindre que la plus petite aſſignable, & que ces quantités peuvent augmenter par des degrés infinis juſqu'à une telle quantité qui ſoit plus grande qu'aucune aſſignable, voilà ce qu'on appelle les fluxions.

Je demanderai feulement, fi avant que l'incrément naiffant commence à exifter, il y a la continuité. N'y a-t-il pas une diftance infinie entre exifter & n'exifter pas ?

Je ne vois guéres de cas où la loi de continuité ait lieu que dans le mouvement, il me femble que c'eft là feulement que cette loi eft obfervée à la rigueur, car peut-être ne pouvons nous dire que très improprement qu'un morceau de matière eft continu, il n'y a peut-être pas deux points dans un lingot d'or entre lefquels il n'y ait de la diftance.

C'eft de cette loi que *Leibnitz* tire cet axiôme: il ne fe fait rien par faut dans la nature. Si cet axiôme n'eft vrai que dans le mouvement, cela ne veut dire autre chofe, finon que ce qui eſt en mouvement n'eſt pas en repos; car un mouvement eſt continué ſans interruption, juſqu'à-ce qu'il périſſe; &, quand il dure, il ne peut admettre du repos. Il en faut donc toûjours revenir au grand principe de la contradiction, première ſource de toutes nos connoiſſances, c'eſt-à-dire qu'une choſe ne peut exiſter, & n'exiſter pas en même tems, & c'eſt auſſi le premier principe admis par l'illuſtre Auteur, & qui tient lieu de tous ceux que *Leibnitz* y veut ajouter.

Si on prétendoit que la loi de continuité a lieu dans toute l'économie de la nature, on ſe jetteroit dans d'aſſez grandes difficultés, il feroit, me ſemble, mal-aiſé de prouver qu'il y a une continuité d'idées dans le cerveau d'un homme endormi profondément, & qui eſt tout d'un coup frappé de la lumière en s'éveillant. Si tout étoit continu dans la nature, il faudroit qu'il n'y eût point de vuide, ce qui n'eft pas aifé de prouver; & , s'il y a du vuide, on ne voit pas trop comment la matière fera continue. Auffi l'illuftre Auteur, dont je parle, ne cite d'autres effets de cette loi de continuité, que le mouvement, & les lignes courbes à rebrouffement, produites par le mouvement.

De Dieu.

L'Auteur des Inftitutions de Phyfique prouve un Dieu par le moyen de la raifon fuffifante. Ce Chapitre eft à la fois fubtil & clair. L'Auteur paroît pénétré de l'exiftance d'un être créateur que tant d'autres Philofophes ont la hardieffe de nier. Elle croit avec *Leibnitz* que Dieu a créé le meilleur des mondes poffibles, & fans y penfer elle eft elle-même une preuve que Dieu a créé des chofes excellentes.

Des Effences, &c.

Tout ce que l'on dit ici des Effences &c. eft d'une Métaphyfique encore plus fine que Chapitre de l'exiftance de Dieu. Peut-être quelques Lecteurs, en lifant ce Chapitre, feroient tentés de croire, que les Effences des chofes fubfiftent en elles-mêmes, je ne crois pas que ce foit la penfée de l'illuftre Auteur.

Le fage *Locke* regarde l'Effence des chofes uniquement comme une idée abftraite que nous attachons aux êtres, foit qu'ils exiftent ou non. Par exemple, une figure fermée de trois côtés eft appellée du nom de Triangle, nous appellons ainfi tout ce que nous concevons de cette espèce. C'est là son Essence, *ab Essendo*, c'est ce qui est, soit dans nôtre imagination, soit en effet. Ainsi quand nous nous sommes fait l'idée d'un Evêque de mer, l'Essence de cet être imaginaire est un poisson qui a une espèce de mitre sur la tête.

Mais si nous voulons connoître l'Essence de la matière en général, c'est-à-dire, ce que c'est que matière, nous y sommes un peu plus embarassés qu'à un triangle. Car nous avons bien pû voir tout ce qui constitue un triangle quelconque, mais nous ne pouvons jamais connoître ce qui constitue une matière quelconque ; & voilà en quoi il paroît que l'inventeur *Leibnitz*, & le commentateur *Wolf* se sont engagés dans un labyrinthe de subtilités, dont *Locke* s'est tiré avec une très grande circonfpection. Je ne fais fi on peut admettre cette règle du célèbre Profeffeur *Wolf:* „ que les déterminations „ primordiales d'un être font fon Effence, que par exemple deux côtés & un angle qui font les déterminations primordiales font l'Effence d'un triangle „ ; car deux côtés & un angle font auffi les premières déterminations d'un quarré, d'un trapéze. Il faudroit, à mon avis, pour que cette regle fût vraye, que deux côtés & un angle étant donnés, il ne pût en réfulter qu'un triangle ; l'Effence eft, me femble, non pas feulement ce qui fert à déterminer une chofe, mais ce qui la détermine différemment de tout autre chofe.

Ce que les Philofophes difent encore des attributs, & furtout des attributs de la matière, ne paroît pas entraîner une pleine convinction. Ils difent qu'il ne peut y avoir de propriétés dans un fujet, que celles qui dérivent de fon Effence, mais on ne voit pas comment la propriété d'être bleu ou rouge eft contenue dans l'Effence d'un triangle ou d'un quarré.

Il faut qu'un attribut ne répugne pas à l'Effence d'une chofe, mais il ne femble pas néceffaire qu'il en dérive. Par exemple, pour qu'un animal puiffe avoir du fentiment, il fuffit que le fentiment ne répugne pas à la matière organifée; mais il ne faut pas que le fentiment foit un attribut néceffaire de la matière organifée, car alors un arbre, une montre auroient du fentiment.

Des Hypothèfes.

L'illuftre Auteur favorife affez *Leibnitz*, pour faire l'Apologie des Hypothèfes. Si on appelle Hypothèfe des recherches de la vérité, il en faut fans doute. Je veux favoir combien de fois 15 eft contenu dans deux cent. Je fais l'Hypothèfe de 14, & c'eft trop; je fais celle de 13, & c'eft trop peu, j'ajoute un refte à 13, & je trouve mon compte. Voilà deux recherches, & je ne me fuis expofé fur aucune, avant que j'aye découvert la vérité. Mais fuppofer l'harmonie préétablie, des monades, un enchainement des chofes avec lequel on veut rendre raifon de tout, n'eft-ce pas bâtir des Hypothèfes pires que les tourbillons de *Descartes*, & fes trois Elémens ? Il faut faire en Phyfique comme en Géométrie, chercher la folution des problemes, & ne croire qu'aux démonftrations.

De

De l'Espace.

La queſtion de l'Eſpace n'a peut-être jamais été traitée avec plus de profondeur. On veut ici avec *Leibnitz* qu'il n'y ait point d'Eſpace pur, que par conſéquent toute étendue ſoit matière; qu'ainſi la matière rempliſſe tout, &c. *Leibnitz* avoit commencé autrefois par admettre l'Eſpace, mais depuis qu'il fût le ſecond inventeur des fluxions, il nia la réalité de l'Eſpace que *Newton* reconnoiſſoit.

„ L'idée de l'Eſpace, dit-on dans
„ ce chapitre, vient de ce qu'on fait
„ uniquement attention à la manière
„ des Etres d'exiſter, l'un hors de
„ l'autre; & qu'on ſe repréſente que
„ cette coexiſtence de pluſieurs Etres
„ produit un certain ordre ou reſ-
„ ſemblance dans leur manière d'ex-

„ ifter, enforte qu'un de ces Etres étant pris pour le premier, un au-„ tre devient le fecond, un autre le „ troifième. „

C'eſt ainſi que le célèbre Profeſſeur *Wolf* éclaircit les idées ſimples.

Le ſage *Locke* s'étoit contenté de dire: j'avoue que j'ai acquis l'idée de l'Eſpace par la vue, & par le toucher. Les *Lock*, les *Newton*, les *Clarke*, les *Jurin*, les *s'Gravefand*, les *Muſchenbroek*, ont tous penſé qu'il fuffifoit d'avoir vû deux murailles pour avoir l'idée de la ſolidité.

La queſtion eſt de favoir s'il y a un Eſpace pur, ou non. *Descartes* avança que la matière eſt infinie & que le vuide eſt impoſſible. Si cela étoit, Dieu ne peut donc anéantir un pouce de matière, car alors il y auroit un pouce de vuide. Or il eſt aſſez extraordinaire de dire, que celui qui a créé une matière infinie, ne peut en anéantir un pouce. Les Sectateurs de *Descartes* n'ayant jamais répondu à cet argument, *Leibnitz* fortifia d'un autre côté cette opinion, qui crouloit de ce côté-là.

Il dit que fi le monde a été créé dans l'Efpace pur, il n'y a pas de raifon fuffifante, pourquoi ce monde eft dans telle partie de l'Efpace, plûtôt que dans une autre; mais il paroît que *Leibnitz* n'a pas fongé que dans le plein il n'y a pas plus de raifon fuffifante, pourquoi la moitié du monde, qui eft à nôtre gauche, n'eft pas à nôtre droite. *Leibnitz* vouloit-il donner une raifon fuffifante de tout ce que Dieu a fait? c'eft beaucoup pour un homme.

La principale raifon qui engagea *Wallis*, *Newton*, *Clarke*, *Locke*, & prefque tous les grands Philofophes à admettre l'Efpace pur, eft l'impoffibilité géométrique & phyfique qu'il y ait du mouvement dans le plein abfolu. *Leibnitz* qui avoit, comme on a dit, changé d'avis fur le vuide, a été obligé de dire que dans le plein le mouvement circulaire peut avoir lieu à caufe d'une matière très fine, qui peut y circuler.

Si on vouloit bien fonger qu'une matière très fine infiniment preffée, devient une maffe infiniment dure, on trouveroit ce mouvement circulaire un peu difficile.

Newton d'ailleurs a démontré que les mouvemens céleftes ne peuvent s'opérer dans un fluide quelconque; & perfonne n'a jamais pû éluder cette démonftration, quelques efforts qu'on ait faits. Cette difficulté rend l'idée d'un plein abfolu, plus difficile qu'on auroit cru d'abord.

Du Tems.

La queftion du Tems eft auffi épineufe que celle de l'Efpace, & eft traitée avec la même profondeur. On y explique le fentiment que *Leibnitz* a embraffé. Il penfoit que comme l'Efpace n'exifte point felon lui fans corps, le Tems ne fubfifte point fans fucceffion d'idées.

Il faut remarquer que dans ce chapitre, le Tems eft pris pour la durée même; & cela ne peut y caufer de confufion, parcequ'en effet le Tems eft une partie de la durée.

Il s'agit donc de favoir, fi la durée exifte indépendamment des Etres créés, & fi elle exifte, l'illuftre Auteur remarque très bien qu'on eft obligé de dire que la durée eft un attribut néceffaire, delà auffi *Newton* croyoit que l'efpace & la durée appartiennent néceffairement à Dieu, qui eft préfent par-tout, & toûjours.

L'illuftre Auteur reproche à *Clarke*, difciple de *Newton*, d'avoir demandé à *Leibnitz*, pourquoi Dieu n'avoit pas créé le monde fix mille ans plûtôt; & elle ajoute que *Leibnitz* n'eut pas de peine à renverfer cette objection du Docteur anglois. C'eft au quinzième Article de fa quatrième Replique à *Leibnitz* que le Docteur *Clarke* dit formellement: il n'étoit pas impoffible que Dieu créât le monde plûtôt ou plus tard; & *Leibnitz* fût fi embaraffé à répondre, que dans fon cinquième Ecrit, il avoue en un endroit que la chofe eft poffible, & donne même pour le prouver une figure géométrique qui me paroît fort étrangère à cette difpute; & dans un autre endroit, il nie que la chose soit possible, sur quoi le Docteur *Clarke* remarque dans son cinquième Ecrit que le savant *Leibnitz* se contredit un peu trop souvent.

Quoiqu'il en soit, il paroît qu'il est difficile aux Leibnitiens de faire concevoir que Dieu ne puisse pas détruire le monde dans neuf mille ans. Il peut donc le détruire plûtôt ou plus tard, il y a donc une durée & un tems indépendens des choses successives. La raison suffisante qu'on oppose à tous ces raisonnemens, est-elle bien suffisante ? Si tous les instans sont égaux, dit-on, il n'y a pas de raison, pourquoi Dieu auroit créé ou détruiroit en un instant plûtôt que dans un autre; on veut toûjours juger Dieu, mais ce n'est à nous ni d'instruire sa cause ni de la juger. Toutes les parties de la durée se ressemblent, je le veux; donc Dieu, dit *Leibnitz*, ne peut choifir un inftant préférablement à un autre. Je le nie, Dieu ne peut-il pas avoir en lui-même mille raifons pour agir, & ne peut-il pas y avoir une infinité de rapports entre chacun de ces inftans & les idées de Dieu, fans que nous les connoiffions?

Si, felon *Leibnitz* & fes Sectateurs, Dieu n'a pû choifir un inftant de la durée plûtôt qu'un autre pour créer ce monde, il eft donc créé de toute éternité. C'eft à eux à voir s'ils peuvent aifément comprendre cette éternité de la durée du monde, à qui Dieu a pourtant donné l'être. Avouons que dans ces difcuffions nous fommes tous des aveugles qui difputent fur les couleurs; mais on ne peut guéres être aveugle, c'eft à dire homme, avec plus d'efprit que *Leibnitz*, & furtout que l'Auteur qui la embellit; le génie de cette personne illustre est assez éclairé pour douter de beaucoup de choses, dont *Leibnitz* s'est efforcé de ne pas douter.

Des Etres simples.

Leibnitz cherchant un système, trouva que personne n'avoit dit encore, que les corps ne sont pas composés de matière, & il le dit. Il lui parut qu'il devoit rendre raison de tout, & ne pouvant dire pourquoi la matière est étendue, il avança qu'il falloit qu'elle fût composée d'Etres qui ne le sont point. Envain il est démontré que la plus petite portion de matière est divisible à l'infini, il voulut que les élémens de la matière fussent des Etres indivisibles, simples, & ne tenant nulle place. Il étoit mal-aisé de comprendre qu'un composé n'eût rien de son compofant, cette difficulté ne l'arrêta pas, il fe fervit de la comparaifon d'une montre. Ce qui compofe une horloge, n'eft pas horloge, donc ce qui compofe la matière n'eft pas matière. Peut-être quelqu'un lui dit alors: votre comparaifon de l'horloge n'eft guéres concluante, car vous favez bien de quoi une horloge eft compofée, puifque vous l'avez vû faire, mais vous n'avez point vû faire la matière, & c'eft un point fur lequel il ne vous eft pas trop permis de deviner.

Leibnitz ayant donc créé fes Etres fimples, fes monades, il les diftribua en quatre claffes, il donna aux unes la perception par un feul P, & aux autres l'apperception par deux P. Il dit que chaque monade eft un miroir concentrique de l'univers. Il veut que chaque monade ait un rapport avec tout le reste du monde, ainsi on a proposé ce problême à résoudre ; un élément étant donné, en déterminer l'état présent, passé, & futur de l'univers. Ce problême est résolu par Dieu seul. On pourroit encore ajouter, que Dieu seul fait la solution de la plûpart de nos questions, lui seul sait quand & pourquoi il créa le monde, pourquoi il fit tourner les astres d'un certain côté, pourquoi il fit un nombre déterminé d'espèces, pourquoi les anges ont péché, ce que c'est que la matière & l'esprit, ce que c'est que l'ame des animaux, comment le mouvement & la force motrice se communiquent, ce que c'est originairement que cette force, ce que c'est que la vie, comment on digère, comment on dort, &c.

L'aimable & refpectable Auteur des Inftitutions phyfiques a bien fenti l'inconvénient du fyftême des monades; & elle dit page 143, qu'il a befoin d'être éclairci & d'être fauvé du ridicule. Il n'y a eu encore ni aucun François, ni aucun Anglois, ni je crois aucun Italien, qui ait adopté ces idées étranges. Plufieurs Allemands les ont foutenues, mais il eft à croire que c'eft pour exercer leur efprit, & par jeu plûtôt que par conviction.

J'ajouterai ici que pour rendre le Roman complet, *Leibnitz* imagina que nôtre corps étant compofé d'une infinité de monades d'une efpèce, la monade de nôtre ame eft d'une autre efpèce; que nôtre ame n'agit aucunement fur nôtre corps, ni le corps fur elle; que ce font deux automates qui vont chacun à part, à peu près comme dans certains fermons burlefques, un homme prêche tandis que l'autre fait des geftes; qu'ainfi par exemple la main de *Newton* écrivit mécaniquement le calcul des fluxions, tandis que fa monade étoit montée féparément pour penfer au calcul: cela s'appelle l'harmonie préétablie; & l'Auteur des Inftitutions phyfiques n'a pas voulu encore expofer ce fentiment, elle a voulu y préparer les efprits.

De la Nature des Corps.

Si on doit être content de cet Art & de cette élégance, avec lefquels l'illuftre Auteur a rendu compte de tous ces fentimens extraordinaires, on ne doit pas moins admirer les ménagemens & les précautions ingénieufes, dont elle colore les idées de *Leibnitz* fur la Nature des Corps.

Ces Corps étendus étant composés de monades non étendues, c'eſt toûjours à ces monades qu'il en faut revenir. Il n'y a point de Corps qui n'ait à la fois, étendue, force active & force paſſive : voilà, diſent les Leibnitiens, la Nature des Corps, mais c'eſt aux monades à qui appartient de droit la force active & paſſive.

Il eſt encore ici aſſez étrange que les monades étant les ſeules ſubſtances, les Corps aient l'étendue pour eux & les monades aient la force. Ces monades ſont toûjours en mouvement, quoique ne tenant point de place; & c'eſt des mouvemens d'une infinité de monades qu'un boulet de canon reçoit le ſien. Voilà donc le mouvement eſſentiel, non pas tout-à-fait à la matière, mais aux Etres intangibles, & inétendus qui composent la matière. Ces monades ont un principe actif, qui est la raison suffisante, pourquoi un Corps en pousse un autre; & un principe passif, qui rend aussi une raison très suffisante pourquoi les Corps résistent. Il faut, me semble, avoir tout l'esprit de la personne qui a fait les Institutions physiques pour répandre quelque clarté sur des choses qui paroissent si obscures.

De la Divisibilité, Figure, Porosité, Mouvement, Pésanteur.

Chacun de ses sujets fait un article à part, & on réconnoît partout la même méthode & la même élégance. Les découvertes de *Galilée* sur la Pésanteur & sur la chûte des corps sont surtout mises dans un jour très lumineux. L'Auteur paroît là plus à fon aife qu'ailleurs, puifqu'il n'y a que des vérités à développer.

Les découvertes de Newton fur la Péfanteur.

L'Auteur s'élève ici fort au deffus de ce qu'elle appelle modeftement Inftitutions. On voit dans ce chapitre, comment *Newton* découvrit cette vérité fi admirable, & fi inconnue jufqu'à lui, que la même force qui opère la Péfanteur fur la terre, fait tourner les globes céleftes dans leurs orbites. *Kepler* avoit préparé la voie à cette recherche, & quelques expériences faites par des Aftronomes François, déterminèrent *Newton* à la faire. Ce n'eft point un fyftême imaginaire & métaphyfique qu'il ait tâché de rendre probable par des raifons fpécieufes, c'eft une démonftration tirée de la plus fublime Géométrie,

trie, c'est l'effort de l'esprit humain, c'est une loi de la nature que *Newton* a développée, il n'y a ici ni monade, ni harmonie préétablie, un principe des indiscernables, ni aucune de ces hypothèses philosophiques qui semblent faites pour détourner les hommes du chemin du vrai, & qui ont égaré l'Antiquité, *Descartes* & *Leibnitz*.

De l'Attraction Newtonienne.

Newton ayant découvert & démontré qu'une pierre retombe sur la terre par la même loi qui fait tourner Saturne autour du Soleil, &c. appella ce phénomène Attraction, Gravitation, ensuite il démontra qu'aucun fluide, & aucune loi du mouvement ne peut être cause de cette gravitation.

Tome V.   C

Il démontra encore que cette gravitation eft dans toutes les parties de la matière, à peu près de même que les parties d'un corps en mouvement font toutes en mouvement.

Newton dans fes recherches fur l'optique déploya ce même efprit d'invention qui s'appuye fur des vérités inconteftables, entièrement oppofé à cet autre efprit d'invention qui fe joue dans des hypothèfes. Il trouva entre les corps & la lumière une attraction nouvelle, dont jamais il ne s'étoit apperçu avant lui. Il trouva encore, par l'expérience, d'autres attractions, comme par exemple, entre deux petites boules de criftal, qui preffées l'une contre l'autre acquièrent une force de huit onces, &c. &c.

Mille gens ont voulu rendre raifon de toutes ces découvertes, ceux furtout qui n'en ont jamais faites ont tous faits des fyftêmes. *Newton* feul s'en eft tenu aux vérités, peut-être inexplicables, qu'il a trouvées. La même fupériorité de génie, qui lui a fait connoître ces nouveaux fecrets de la création, l'a empêché d'en affigner la caufe. Il lui a paru très vraifemblable que cette attraction eft elle-même une caufe première, dépendante de celui qui feul a tout fait. C'eft fur quoi ceux, qui en Allemagne ont pris le parti de *Leibnitz*, fe font élevés; & nôtre illuftre Auteur a la complaifance pour eux de prêter de la force à leurs objections. Un corps ne peut fe mouvoir, dit-elle, vers un autre, fans qu'il arrive à ce corps un changement; ce changement ne peut venir que de l'un des deux corps, ou que du milieu qui les fépare : or il n'y a aucune raifon pour qu'un corps agiffe fur un autre, fans le toucher, il n'y a aucune raifon de fon attraction dans le milieu qui les fépare, puifque les Newtoniens difent que ce milieu eft vuide, dont l'attraction étant fans raifon fuffifante, il n'y a point d'attraction.

Les Newtoniens répondront que l'attraction, la gravitation, telle qu'elle foit, étant réelle & démontrée, aucune difficulté ne peut l'ébranler, & qu'étant tout de même démontré qu'aucun fluide ne peut caufer cette attraction, qui fubfifte entre les corps céleftes, la raifon fuffifante eft bien loin de fuffire à prouver que les corps ne peuvent s'attirer fans milieu.

Un Newtonien fera encore affez fort, s'il prie feulement un Leibnitien de faire un moment d'attention à ce que nous fommes, & à ce qui nous environne. Nous penfons, nous éprouvons des fenfations, nous mettons des corps en mouvement, les corps agiffent fur nos ames, &c. Quelle raifon fuffifante, je vous prie, me trouverez-vous de ce que la matière influe fur ma penfée, & ma penfée fur elle; quel milieu y a-t-il entre mon ame & une corde de clavecin qui réfonne; quelle caufe a-t-on jamais pû alléguer, de ce que l'air frappé donne à une ame l'idée & le fentiment du fon. N'êtes vous pas forcé d'avouer que Dieu l'a voulu ainfi? Que ne vous foûmettez-vous de même, quand *Newton* vous démontre que Dieu a donné à la matière la propriété de la gravitation.

Lorfqu'on aura trouvé quelque bonne raifon mécanique de cette propriété, on rendra fervice aux hommes en la publiant, mais depuis foixante & dix ans que les plus grands Philofophes cherchent cette caufe, ils n'ont rien trouvé. Tenons-nous en donc à l'attraction, jusqu'à ce que Dieu en revèle la raison suffisante à quelque Leibnitien.

Des Plans inclinés, des Pendules, des Projectiles.

Les découvertes de *Galilée* & d'*Huyghens* sont expliquées ici avec une clarté, qui fait bien voir que ce ne sont point là des hypothèses, lesquelles laissent toûjours l'esprit égaré & incertain, mais des vérités mathématiques, qui entrainent la conviction.

De la Force des Corps.

Je me hâte de venir à ce dernier Chapitre. On y prête de nouvelles armes au sentiment de *Leibnitz*, c'est *Camille* qui vient au secours de *Tur-*

nus, ou *Minerve* au fecours d'*Ulyſſe*. Cette difpute fur les forces actives, qui partage aujourd'hui l'Europe, n'a jamais exercé de plus illuſtres mains qu'aujourd'hui. La Dame reſpectable dont je parle, & Madame la Princeſſe de *Columbrano* ont toutes deux fuivi l'étendart de *Leibnitz*, non pas comme les femmes prennent d'ordinaire parti pour des Théologiens, par foibleſſe, par goût, & avec une opiniâtreté fondée fur leur ignorance, & fouvent fur celle de leurs maîtres. Elles ont écrit l'une & l'autre en Mathématiciennes, & toutes deux avec des vues nouvelles. Il n'eſt ici queſtion que du Chapitre de nôtre illuſtre Françoiſe, c'eſt un des plus forts & des plus féduifans de cet ouvrage profond.

Pour mettre les Lecteurs au fait, il eſt bon de dire ici que nous appellons force d'un corps en mouvement, l'action de ce corps, c'est sa masse qui agit, c'est avec de la vitesse qu'agit cette masse, c'est dans un tems plus ou moins long qu'agit cette vitesse; ainsi on a toûjours supputé la force motrice des corps par leur masse multipliée, par leur vitesse appliquée au tems. Une puissance qui presse, & donne une vitesse à un corps, lui donne une force motrice; deux puissances qui le pressent en même tems, & qui lui donnent deux de vitesses, lui donnent deux de force; & dans deux tems, elles lui en donneront quatre de force. Cela parut clair & démontré à tous les Mathématiciens.

Newton fût sur ce point de l'avis de *Descartes*, & l'expérience dans toutes les parties des Mécaniques fût d'accord avec leurs démonstrations.

Mr. de *Leibnitz* ayant befoin que cette théorie ne fût pas vraie, afin qu'il y eût toûjours égale quantité de force dans la nature, prétendit qu'on s'étoit trompé jufque-là, & qu'on auroit dû eftimer la force motrice des corps en mouvement par le quarré de leurs viteffes multipliées par leurs maffes; & avec cette manière de compter, *Leibnitz* trouvoit qu'en effet il fe perdoit du mouvement dans la nature, mais qu'il pouvoit bien ne fe perdre point de force.

Le Docteur *Clarke*, illuftre Elève de *Newton*, traita ce fentiment de *Leibnitz* avec beaucoup de hauteur, & lui reprocha fans détour que fes fophifmes étoient indignes d'un Philofophe.

Il difcuta cette queftion dans la cinquième Replique à *Leibnitz*, qui rouloit d'ailleurs fur d'autres fujets importans.

Il fit voir qu'il eft impoffible d'omettre le tems; que quand un corps tombe par la force de la gravité, il reçoit en tems égaux des degrés de viteffe égaux.

Il obvia à toutes les objections qui le réduifent toutes à celle-ci : qu'un mobile tombe de hauteur trois, il fait effet comme trois; qu'il tombe de la hauteur fix, il agit comme fix, c'eft-à-dire, il agit en raifon de fes hauteurs; mais ces hauteurs font comme le quarré de fes viteffes, donc, difent les partifans de *Leibnitz* qui l'ont éclairci depuis, un mobile agit comme le quarré de fes viteffes, donc fa force eft comme le quarré.

Samuel Clarke renverfa, dis-je toutes ces objections, en faifant voir de quoi eft compofé ce quarré. Un corps parcourt un espace, cet espace est le produit de sa vitesse par le tems : or le tems & la vitesse sont égaux, dont il est évident que ce quarré de la vitesse n'est autre chose que le tems lui-même, multiplié ou par lui-même ou par cette vitesse, ce qui rend parfaitement raison de ce quarré qui étonnoit Mr. de *Fontenelle* en 1721. D'où viendroit, dit-il ce quarré? on voit clairement ici d'où il vient.

Mais on ne voit guéres d'abord comment, après une pareille explication, il y avoit encore lieu de disputer. L'émulation qui regnoit alors entre les Anglois & les amis de *Leibnitz*, engagea un des plus grands Mathématiciens de l'Europe, le célèbre *Jean Bernoulli*, à secourir *Leibnitz*, tout ce qui porte le nom de *Bernoulli* est Philosophe. Tous combattirent pour *Leibnitz*, hors un d'eux qui tient fermement pour l'ancienne opinion.

C'étoit une guerre, & on fe fervit d'artifices. Une de ces rufes, qui firent le plus d'impreffion, fût celle-ci :

Que le corps A foit pouffé par deux puiffances à la fois en A B, & en A E, on fait qu'il décrit la diagonale A D : or la puiffance en A B n'augmente ni ne diminue la puiffance A E, & pareillement A E ne diminue ni n'augmente A B, donc le mobile a une force compofée de A B & de A E ; mais le quarré de A B & de A E, pris enfemble, font jufte le quarré de cette diagonale, & ce quarré exprime la viteffe du mobile, donc la force de ce mobile eft fa maffe par le quarré de fa viteffe.

Mais on fit voir bientôt la supercherie de ce raisonnement très captieux.

Il est bien vrai que A B & A E ne se nuisent point, tant qu'ils vont chacun dans leur direction, mais dès que le corps A est porté dans la diagonale, ils se nuisent; car décomposez son mouvement une seconde fois, resolvez la force A E en A F, & F E, de sorte que A E devienne à son tour diagonale d'un nouveau rectangle. Resolvez de même B D en B E, & en B D, il est clair que les forces F E, B G se détruisent. Que reste-t-il donc de force au corps ? il lui reste A E d'un côté & A G de l'autre, donc il n'a pas la force de A B, & de A E réunies, comme on le prétendoit, donc, &c.

De plus le mobile n'arrive en D qu'avec du tems, c'est ce tems multiplié par sa vitesse qui produit un quarré, & l'omission de ce tems est le vice fondamental de toute la théorie de *Leibnitz*.

Il y avoit beaucoup de finesse dans la difficulté, & il y en a encore plus dans la réponse, elle est de Mr. *Jurin*, l'un des grands hommes d'Angleterre.

Mr. *Jurin*, pour épargner tout calcul, toute décomposition, & pour faire voir encore plus clairement, s'il est possible, comment deux vitesses en un même tems ne donnent qu'une force, imagina cette expérience.

Qu'on fasse mouvoir avec l'aide d'un ressort une balle avec un degré de vitesse quelconque, qu'ensuite ce degré étant bien constaté, le ressort bien rétabli, la balle en repos ; on donne à la table un mouvement égal à celui que le ressort communique à la boule, c'eſt-à-dire, qu'on faſſe en même tems mouvoir la boule avec la viteſſe un, & la table avec la viteſſe un: il eſt clair qu'alors la boule acquérera deux viteſſes, & ſimplement deux forces; donc, quand il n'y a pas pluſieurs tems différens à conſidérer, il faut ne réconnoître dans les corps mobiles d'autres forces que celle de leur maſſe par leur viteſſe.

L'illuſtre Auteur engagé aux Leibnitiens a voulu contredire cette expérience. Voici dit-elle, en quoi conſiſte le vice du raiſonnement de Mr. *Jurin*.

Suppoſons, pour plus de facilité, au lieu du plan mobile de Mr. *Jurin*, un bateau A B qui avance ſur la rivière avec la viteſſe un; & le mobile P, tranſporté avec le bateau, ce mobile acquiert la même viteſſe que le bateau. Suppofons un reffort capable de donner cette viteffe un, hors du bateau, il ne la lui donnera plus, car l'appui du reffort dans le bateau n'eft pas inébranlable, &c.

Il eft vrai que cette expérience peut être fujette à cette difficulté, & qu'il y aura une petite diminution de force dans l'action du reffort, parceque le bateau cédera un peu à l'effort du reffort, cela fera peut-être un dix-millième de différence, ainfi le mobile aura deux de force moins un dix-millième, mais certainement cette diminution de force ne fera pas, qu'il aura le quarré de deux, c'eft-à-dire quatre; & il n'y a pas d'apparence que pour avoir perdu quelque chofe, il ait gagné plus du double.

D'ailleurs il eft très aifé de faire cette expérience, en attachant le reffort à une muraille, & en le détendant

dant contre le mobile qui fera fur la table. A cela, il n'y a rien à répondre, & il faut abfolument fe rendre à cette démonftration expérimentale de Mr. *Jurin*.

Il paroît que les expériences, qui fe font en tems égaux, favorifent auffi pleinement l'ancienne doctrine, que deux corps, qui font en raifon réciproque de leur maffe & de leur viteffe, viennent fe choquer; s'il falloit eftimer la force motrice par le quarré de la viteffe, il fe trouveroit que le mobile avec cent de maffe & un de viteffe rencontrant celui qui auroit cent de viteffe & un de maffe, en feroit prodigieufement repouffé, ce qui n'arrive jamais; car fi les deux mobiles font fans reffort, ils fe joignent & s'arrêtent; s'ils font flexibles, ils réjailliffent également. Les Leibnitiens ont tâché de ramener ce phénomène à leur fystême, en difant, que les cent de vitesse se confument dans les enfoncemens qu'ils produisent dans le corps qui a cent de masse.

Mais on répond aisément à cette évasion, que le corps qui souffre ces enfoncemens, se rétablit, s'il est à ressort, & rend toute cette force qu'il a reçue; & s'il n'est pas à ressort, il doit être entrainé par le corps qui l'enfonce, car le corps cent, supposé non élastique, n'ayant qu'un de vitesse, résiste bien par ses cent de masse aux cent de vitesse du corps un; mais il ne peut résister au cent fois cent qu'on suppose au corps choquant, il faudroit alors qu'il cédât, & c'est ce qui n'arrive jamais.

Enfin, Mr. *Jurin* ayant fait voir démonstrativement, qu'il faut toûjours faire mention du tems, & ayant imaginé par cette expérience hors de toute exception, dans laquelle deux vitesses en un tems ne donnent qu'une force double, a défié publiquement tous ces adversaires d'imaginer un seul cas où une vitesse double pût en un tems donner quatre de forces, & il a promis de se rendre le disciple de quiconque résoudroit ce problème. On a entrepris de le résoudre d'une manière extrêmement ingénieuse.

On suppose qu'une boule qui ait un de masse & deux de vitesse, & qui rencontre deux boules, dont chacune a deux de masse, de façon que la masse un communique tout son mouvement par le choc à ces masses doubles : or, dit-il, si cette masse un, qui a deux de vitesse, communique à chacune des masses doubles un de vitesse, chacune de ces masses doubles aura donc deux de force, ce qui fait quatre; la boule un, qui n'avoit que deux de force, aura donc donné plus qu'elle n'avoit. Voilà donc, peut-on dire, une abfurdité dans l'ancien fyftême, mais dans le nouveau le compte fe trouve jufte, car la boule un, avec deux de viteffe, aura eu quatre de forces, & n'a donné précifément que ce qu'elle poffédoit.

Il faut voir maintenant fi Mr. *Jurin* fe rendra à cet argument, & s'il fe fera le difciple de celui qui en eft l'Auteur. Je crois qu'il ne lui fera pas difficile de répondre, & de découvrir comment le tems eft effentiellement à compter dans cette occafion, & dans toutes celles qui lui reffemblent. Soient dans ce cercle les trois boules; la boule un choque les boules deux fous un angle de foixante degrés; la boule un avec deux de vitesse eut parcouru en un seul tems deux fois le rayon du cercle.

Les boules deux, avec chacune un de vitesse, parcourent en un même tems le rayon D, & le rayon I C; donc les deux boules ne font en un même tems que ce qu'eût fait la boule un, & ce n'est qu'en deux tems que chacun parcourera deux fois ce rayon.

Je me servirai aisément de cette solution pour le cas qu'on rapporte de Mr. *Herman.* Que la boule un, dit-on, qui a deux de vitesse rencontre la masse trois, elle lui donnera un de vitesse, & gardera un. Voilà donc quatre de force, qui semble naître de deux, & cette boule un a donné, dit-on, ce qu'elle n'avoit pas.

Non, elle n'a pas donné ce qu'elle n'avoit pas, elle a donné seulement un de vitesse, & si la boule trois, avec cette unité de viteſſe reçue, agit enſuite comme trois, & la boule un, avec l'unité de viteſſe qui lui reſte, agit comme un, il faut bien ſoigneuſement remarquer que la boule trois agira alors dans trois tems, & la boule un en un tems.

Corollaire général ſur l'augmentation des Forces des Corps.

Dans les deux derniers exemples qu'on vient de rapporter, on voit clairement que ſi un corps, en communiquant de ſa viteſſe, ſemble communiquer une force plus grande qu'il n'avoit, ce n'eſt jamais qu'à condition que le corps qui reçoit une plus grande force, agira dans un tems plus long.

Mais on pourra toûjours demander pourquoi même, en ce tems plus long, il ſe trouvera qu'un mobile aura donné plus de force qu'il n'avoit ? Il y a autant d'exemples de ce cas qu'il y a de nombres ; car prenons au hazard le mobile un, avec cent-un de viteſſe ; qu'il choque un corps en repos qui ait cent de maſſe, il lui communique deux cens de force, & réjaillit avec quatre-vingt-dix-neuf de force qui naiſſent de cent un, & l'effet paroît incomparablement plus grand que ſa cauſe.

Cela ne fait-il pas voir évidemment que les corps ne peuvent donner en effet de la force ? car qu'eſt-ce en effet que cette force ? Quelque parti qu'on prenne, c'eſt quelque choſe qui réſulte de la maſſe & de la viteſſe. Or ce corps A, par exemple, qui avoit cent-un de viteſſe, & qui a choqué ce mobile B, qui a cent de maſſe ne lui a pas apparemment donné cette maſſe cent, il a donné feulement la viteffe deux, & c'eft avec cette viteffe deux que ce mobile B acquiert par fa maffe, deux cens de force ; la force eft donc cette propriété qui réfulte de l'inertie de la matière animée par le mouvement ; or le mouvement ne pouvant exifter que dans le tems, n'eft-il pas démontré que la force ne peut agir que dans le tems.

Second Corollaire, que les Monades feroient fans force.

Si la force des corps n'eft autre chofe que le réfultat de l'inertie & de la viteffe, n'eft-il pas démontré par-là que quand même la matière feroit compofée d'Etres fimples, comme l'imaginoit *Leibnitz* après *Morus*, ces Etres fimples ne pourroient avoir la force en partage, car ils ne pourroient avoir l'inertie, étant fuppofés fans maſſe, & n'ayant pas en eux la viteſſe, ils ne pourroient en aucune manière avoir la force motrice.

Troiſième Corollaire, qu'il ſe perd de la force.

Il paroît évidemment, que ſi la force eſt proportionelle au mouvement, il ſe perd de la force, puiſqu'il ſe perd du mouvement. L'exemple apporté par le grand *Newton*, à la fin de ſon optique, demeure inconteſtable.

Donc il ſe perd à tout moment de la force dans la nature, il faut un principe qui la renouvelle; ce principe n'eſt-il pas l'attraction, quelle que puiſſe être la cauſe de l'attraction?

Réſomption.

J'ai non ſeulement fait l'analyſe la plus exacte que j'ai pû de l'ouvrage le plus méthodique, le plus ingénieux & le mieux écrit qui ait paru en faveur de *Leibnitz*; j'ai pris la liberté d'y joindre mes doutes, que les Lecteurs pourront éclaircir, je n'ai point touché aux objections que l'illuftre Auteur a adreffées à Mr. de *Mairan* dans le Chapitre de la force des corps, c'eft à ce Philofophe à répondre, & on attend avec impatience les folutions qu'il doit donner des difficultés qu'on lui fait. Je croirois lui faire tort en répondant pour lui, il eft feul digne d'une telle adverfaire. La vérité gagnera fans doute à ces contradictions qui ne doivent fervir qu'à l'éclaircir, & ce fera un modèle de la difpute littéraire la plus profonde & la plus polie.

Mémoire sur un ouvrage de Physique de Madame la Marquise du Chatelet, lequel a concouru pour le prix de l'Académie des Sciences en 1738. Par Mr. de Voltaire.

Le Public a vû cette année, un des évènemens les plus honorables pour les Beaux-Arts. De près de trente Differtations préfentées par les meilleurs Philofophes de l'Europe pour les prix que *l'Académie* des *Sciences* devoit diftribuer l'année 1738, il n'y en eût que cinq qui concoururent, & l'une de ces cinq étoit d'une Dame dont le haut rang eft le moindre avantage.

L'Académie des Sciences a jugé cette pièce digne de l'impreffion, & vient de la joindre à celles qui ont eu le prix. On fait que c'eft en effet être couronné, que d'être imprimé par ordre de cette Compagnie.

Le premier prix d'Eloquence, que donna une autre fois l'Académie françoife fût remporté par une perfonne du même fexe. Le Difcours fur la Gloire compofé par Mademoifelle *Scuderi*, fera longtems mémorable par cette époque. Mais on peut dire fans flatterie, que l'Effai de Phyfique de l'illuftre Dame, dont il eft ici queftion, eft autant au deffus du Difcours de Mademoifelle *Scuderi* que les véritables connoiffances font au deffus de l'Art de la parole, fans qu'on prétende en cela diminuer le mérite de l'Eloquence.

Le fujet étoit *la nature du feu & fa propagation*.

L'ouvrage, dont je rends compte, eft fondé, en partie, fur les idées du grand *Newton*, sur celles du célèbre Mr. *s'Gravesande*, actuellement vivant, mais surtout sur les expériences, & les découvertes de Mr. *Boerhave*, qui dans sa Chymie, a traité à fonds cette matière, & l'Europe savante sait avec quel succès.

Il est vrai que ces notions ne sont pas généralement goûtées par Messieurs de l'Académie des Sciences; & quoique l'Académie en corps n'adopte aucun système, cependant il est impossible que les *Académiciens* n'adjugent par le prix, aux opinions les plus conformes aux leurs.

Car toutes choses d'ailleurs égales, qui peut nous plaire que celui qui est de nôtre avis?

C'est ainsi qu'on couronna, il y a quelques années, un bon ouvrage du *Revérend Père Maziere*, dans lequel il dit, *qu'on ne s'avisera plus d'ad-*

mettre déformais les forces vives, de calculer la quantité du mouvement par le produit de la masse, & du quarré de la vitesse, calcul assez proscrit alors dans l'Académie; mais cette même Académie fit aussi imprimer l'excellente Dissertation de Mr. *Bernouilli*, qui a mis le sentiment contraire dans un si beau jour, qu'aujourd'hui plusieurs Académiciens ne font nulle difficulté d'admettre les forces vives, & le quarré de cette vitesse.

Voici à peu près un cas pareil, le *Révérend Père Fiese, Jésuite*, assure dans sa Dissertation, qui a remporté un des prix, *que le feu élémentaire est une chimère, parcequ'on n'en a jamais vû, & que le feu est un mixte, composé de sels, de soufre, d'air & de matière éthérée.*

Le *Révérend Père* traite donc de chimères les admirables idées de *Boer-*

haave, nous sommes bien loin de vouloir abaisser l'ouvrage du savant Jésuite que nous estimons sincèrement; mais nous pensons avec la plûpart des plus grands Physiciens de l'Europe qu'il est absolument impossible que le feu soit un mixte.

Nous ne nous arrêtons pas beaucoup à combattre cette idée, *qu'on ne doit point admettre le feu élémentaire, parcequ'il est invisible.* Car l'air est souvent invisible & cependant il existe. La matière éthérée est bien invisible, bien douteuse; cependant le Réverend Père l'admet. Il ne paroît pas vrai non plus que nos yeux voyent le feu; car il n'y a point de feu plus ardent sur la terre que la pointe du cone lumineux au foyer d'un verre ardent; cependant comme le remarque très bien la Dame illustre, qui a fait tant d'honneur au sentiment de *Boerhaave*, on ne voit jamais ce feu, que lorsqu'il touche quelque objet. Nous voyons les choses matérielles embrasées, mais pour le feu qui les embrase, il est prouvé que nous ne le voyons jamais. Car il n'y a pas deux sortes de feu. Cet Etre qui dilate tout, qui échauffe tout, ou qui éclaire tout, est le même que la lumière: or la lumière sert à faire voir, & n'est-elle même jamais apperçue. Donc nous n'appercevons jamais le feu pur, qui est la même chose que la lumière.

Mais pour être convaincu que le feu ne sauroit être un mixte, produit par d'autres mixtes, il me suffit de faire les réflexions suivantes:

Qu'entendés-vous par ce mot *produire?* si le feu n'est que développé, n'est que délivré de la prison où il étoit,

étoit, lorsqu'il commença à paroître, il exiſtoit donc déja. Il y avoit donc une ſubſtance de feu, un feu élémentaire caché dans les corps dont il échappe.

Si le feu eſt un mixte, compoſé des corps qui le produiſent, il retient donc la ſubſtance de tous les corps, la lumière eſt dans de l'huile, du ſel, du ſoufre, elle eſt donc l'aſſemblage de tous les corps. Cet Etre ſi ſimple, ſi différent des autres Etres eſt donc le reſultat d'une infinité de choſes, auxquelles il ne reſſemble en rien. N'y auroit-il pas dans cette idée une contradiction manifeſte? Et n'eſt-il pas bien ſingulier que dans un tems, où la Philoſophie enſeigne aux hommes qu'un brin d'herbe ne ſauroit être produit, & que ſon germe doit être auſſi ancien que le monde, on puiſſe dire que le feu répandu dans toute la

Tome V.　　　　　　　E

nature eſt une production de ſels, de ſoufres, & de la matière éthérée. Quoi! je ſerai contraint d'avouer que tout l'arrangement, que tout le mouvement poſſible ne pourront jamais former un grain de moutarde, & j'oſerois aſſurer que le mouvement de quelques végétaux, & d'une prétendue matière éthérée fait ſortir du néant cette ſubſtance de feu, cette même ſubſtance inaltérable que le ſoleil nous envoye, qui a des propriétés ſi étonnantes, ſi conſtantes, qui ſeule s'infléchit vers les corps, ſe refracte ſeule, & ſeule produit un nombre fixe de couleurs primitives.

Que cette idée des fameux *Boerhaave* & des Philoſophes modernes eſt belle, c'eſt-à-dire vraie, *que rien ne ſe peut changer en rien!* Nos corps ſe détruiſent à la vérité, mais les choſes dont ils ſont compoſés, reftent à jamais les mêmes. Jamais l'eau ne devient terre; jamais la terre ne devient eau. Il faut avouer que le grand *Newton* fût trompé par une fauffe expérience, quand il crut que l'eau pouvoit fe changer en terre. Les expériences de *Boerhaave*, ont prouvé le contraire. Le feu eft comme les autres élémens des corps; il n'eft jamais produit d'un autre, & n'en produit aucun. Cette idée fi philofophique, fi vraie, s'accorde encore mieux que toute autre avec la puiffante fageffe de celui qui a tout créé, & qui a répandu dans l'univers une foule incroyable d'Etres, lesquels peuvent bien fe mêler, fe confondre, aider au développement les uns des autres; mais ne peuvent jamais fe convertir en d'autres fubftances.

Je prie chaque Lecteur d'aprofondir cette opinion, & de voir si elle tire sa sublimité d'une autre source que de la vérité.

A cette vérité, l'illustre Auteur ajoute l'opinion que le feu n'est point pésant, & j'avoue que, quoique j'aie embrassé l'opinion contraire, après les *Boerhaave* & les *Muschenbrock*, je suis fort ébranlé par les raisons qu'on voit dans la Dissertation.

Je ne sais si toutes les autres matières, ayant reçu de Dieu la propriété de la gravitation, il n'étoit pas nécessaire qu'il y en eût une, qui servît à désunir continuellement des corps que la gravitation tend à réunir sans cesse. Le feu pourroit bien être l'unique agent, qui divise tout ce que le reste assemble. Au moins si le feu est pésant, on doit être fort incertain de dépofer en faveur de fon poids, & qui toutes, en prouvant trop, ne prouvent rien. Il eft beau de fe défier de l'expérience même.

L'illuftre Auteur femble prouver par l'expérience & par le raifonnement que le feu tend toûjours à l'équilibre, & qu'il eft également répandu dans tout l'efpace? Elle examine enfuite comment il s'éteint, comment la glace fe forme, & il eft à croire que ces recherches fi bien faites, & fi bien expofées, auroient eu le prix, fi on n'y avoit ajouté une opinion trop hardie.

Cette opinion eft que le feu n'eft ni efprit ni matière. C'eft fans doute élargir la fphère de l'efprit humain & de la nature, que de reconnoître dans le Créateur, la puiffance de former une infinité de fubftances, qui ne tiennent ni à cet Etre purement penfant, dont nous ne connoiffons rien, finon la penfée, ni à cet Etre étendu, dont nous ne connoiffons guéres que l'étendue divifible, figurable & mobile. Mais il eft bien hardi peut-être, de refufer le nom de matière, au feu, qui divife la matière, & qui agit comme toute matière par fon mouvement.

Quoiqu'il en foit de cette idée, le refte n'en eft ni moins exact, ni moins vrai. Tout le Phyfique du feu refte le même. Toutes fes propriétés fubfiftent, & je ne connois d'erreurs capitales en phyfique, que celles qui vous donnent une fauffe économie de la nature. Or qu'importe que la lumière foit un Etre à part, ou un Etre femblable à la matière, pourvû qu'on démontre que c'eft un élément doué des propriétés, qui n'appartiennent qu'à lui? C'eſt par-là qu'il faut conſidérer cette Diſſertation; elle feroit très eſtimable, ſi elle étoit de la main d'un Philoſophe uniquement occupé de ces recherches; mais qu'une Dame, attachée d'ailleurs à des ſoins domeſtiques, au Gouvernement d'une famille, & à beaucoup d'affaires, ait compoſé un tel ouvrage, je ne ſais rien de ſi glorieux pour ſon ſexe, & pour le tems éclairé dans lequel nous vivons.

Un des plus ſages Philoſophes de nos jours, Mr. l'Abbé *Conty*, noble Vénitien, qui a cultivé toûjours la Poëſie & les Mathématiques, ayant lû l'ouvrage de cette Dame, ne pût s'empêcher de faire ſur le champ, ces Vers italiens, qui font également honneur, & au Poëte & à Madame la Marquiſe *du Chatelet*.

Si d'Urania, e d'amor questa é la figlia,
  Cui d'el bel Globo la custodia diero,
L'infaillibili parche, el sommo impero,
  Sù tutta l'amorosa ampia famiglia.

Ad amore, nel volto, ella simiglia
  Ad Urania, nel rapido pensiero
  Chè sà d'og'astro il moto, ed il sentiero,
  Ed onde argentea abbia luce, aurea, Ver-
        miglia,

Non t'inganni, mi disse il france vate;
  Ma Costei non da Urania, e non da amore;
  Ma da Minerva, ed Apollo ebbe i natali,
  Come à Minerva, à lei furo suelate,
  L'opre di Giove, ed ella il Genitore,
  Proporle qual oracolo à mortali.

Doutes sur la Mésure des Forces motrices, & sur leur Nature, présentés à l'Académie des Sciences de Paris.

✳✳✳✳✳

PREMIERE PARTIE.

1. Une pression quelconque en un tems peut-elle donner autre chose qu'une vitesse, & ce qu'on appelle une force?

2. Si une pression en un tems ne peut donner qu'une force, deux pressions dans le même tems ne donneront-elles pas simplement 2 vitesses & deux forces?

3. Donc en deux tems une pression fait ce que deux pressions égales font en un tems. Elle donne 2 vitesses & 2 de force, car 2×1-1×2.

4. Donc ſi de deux corps égaux, le premier fait le double d'effets de l'autre, c'eſt qu'il aura double viteſſe, & s'il fait le quadruple d'effets, avec deux de viteſſe, c'eſt en 2 tems.

5. Donc, ſi on veut que la force ſoit le produit du quarré de la viteſſe par la maſſe, il faudroit qu'un corps avec double viteſſe opérât dans le même tems une action quadruple de celle d'un corps égal qui n'auroit qu'une viteſſe ſimple.

Il faudroit donc que le reſſort A, égal à B, tendu comme 2, pouſſat une boule à 4 de diſtance, dans le même tems que le reſſort B, tendu comme 1, ne la pouſſe qu'à un de diſtance; mais c'eſt ce qui ne peut arriver jamais.

6. Donc tous les cas, où cette contradiction d'une viteſſe double qui agit comme 4, paroît ſe trouver, doi-

vent être décompofés & ramenés à la fimplicité de cette loi inviolable, par laquelle 2 de viteſſe ne donne qu'un effet double d'une viteſſe en tems égal.

7. Or tous ces cas contradictoires dans lesquels une viteſſe double fait un effet quadruple, rentrent dans la loi ordinaire, quand on voit que cet effet quadruple n'arrive qu'en 2 tems, en réduifant le mouvement accéleré & retardé en uniforme.

8. Si cette méthode de reduire le mouvement retardé en uniforme, n'étoit pas jufte, cela n'empêcheroit pas que les principes ci-deffus ne fuffent vrais. Ce feroit feulement une fauffe explication d'un principe inconteftable; & fi elle eft jufte, c'eft un nouveau degré de clarté qu'elle donne à ces principes. Voyons donc fi elle eft jufte.

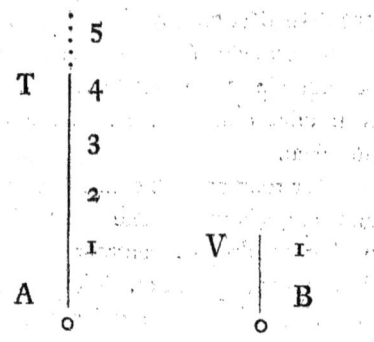

9. Le mobile A, égal à B, reçoit 2 de viteſſe, & B, un degré. Ils trouvent en montant, les impulſions de la péſanteur, ou en marchant ſur un plan poli des obſtacles égaux quelconques. A ſurmonte 4 de ces obſtacles égaux ou de ces impulſions, & arrive en T, où il perd toute ſa force ; B ne réſiſte qu'à une de ces impulſions, & ne fait que le quart du chemin de A.

Or il eſt démontré que A n'arrive qu'en 2 tems en T, & B en un tems en V;

Donc juſques-là cette méthode eſt d'une juſteſſe parfaite.

10. Maintenant, ſi dans cet eſpace A T le corps A n'eſt parvenu à l'eſpace 3 à la fin du premier tems, que par la même raiſon que le corps B n'eſt parvenu qu'au numero un, la demonſtration devient de plus en plus aiſée à ſaiſir.

Or on démontre facilement que le corps A doit aller à 2 - 1; car la péſanteur ou la réſiſtance quelconque qui agit également ſur les 2 mobiles, ôte 1 à B, quand elle ôte 1 au mobile A:

Donc le mobile A doit aller à 3, quand le mobile B n'eſt allé qu'à 1, &c.

Donc le corps A ne fait qu'en 2 tems le quadruple de B; dont l'effet n'eft que double, proportionel en tems égal à la caufe qui eft double, &c.

11. Si on pourfuit cette démonftration, on voit que par un mouvement uniforme, B iroit de 1 à 2 au fecond tems, & A, qui a la force double, iroit d'un mouvement uniforme de 3 à 5.

Or l'efpace de 3 à 4, que le corps A ne parcourt pas dans le premier moment, joint à l'efpace de 4 à 5 qu'il ne parcourt pas dans le fecond moment repréfente la force contraire qui lui ôte la fienne; de même l'efpace de 1 à 2, que B ne parcourt pas, repréfente la force contraire qui a éteint la force de B.

Or, ces forces contraires font proportionelles à celles qu'elles détruifent. L'efpace 5, 3 eft double de l'efpace B, 1, donc la force détruite dans le corps A n'eft que double de celle détruite dans le mobile B; donc que la démonftration eft en tout d'une entière exactitude.

12. Si l'efprit, convaincu que le mobile A n'a fait qu'en 2 tems l'effet quadruple du mobile B, conferve quelque fcrupule fur ce qu'au premier tems le mobile A furmonte 3 obftacles, ou remonte à 3 malgré la refiftance de la péfanteur, tandis que le mobile B ne furmonte que 1, ou ne s'élève qu'à l'efpace 1, fi dis-je, on ne trouve pas dans ce premier tems le rapport de 3 à 1, cette difficulté a été levée, comme on le va voir.

13. Les deux tems dans lesquels le mobile A agit, & les efpaces qu'il franchit, font réellement divifés en autant d'inftans que l'efprit veut en affigner; ainfi, au lieu de 4 efpaces

que A doit parcourir en 2 tems, concevons 100 parties d'espace en dix tems pour A, & 50 parties d'espace en 5 tems pour B. Rangeons cette progression sous deux colomnes.

A 2 vitesses premier tems espaces parcourus	B 1 vitesse
19 — 20 — 1	9 — 10 — 1

second tems.

Les obstacles agissant en la même raison que la gravité

17 — 20 — 3	7 — 10 — 3

troisième tems.

15 — 20 — 5	5 — 10 — 5

Il est aisé de voir, en poursuivant cette progression, que les espaces parcourus sont d'abord doubles l'un de l'autre moins l'espace non parcouru
qui

qui eſt 1, indique pour l'un & pour l'autre mobile. Cet eſpace non parcouru qui eſt 1, indique donc ici le rapport, qui, ſans lui, ſeroit à cet inſtant de 20 à 10, c'eſt-à-dire de 2 à 1. En ſuivant toûjours cette progreſſion, on voit que le mobile A aura parcouru en 5 tems 75 d'eſpace, & que B en aura parcouru 25, ce qui devient en cinq tems le même rapport qu'on trouvoit au premier inſtant de 3 à 4, quand on ne compte que 2 inſtans.

Ainſi donc, ſi on vouloit attribuer 3 de force au mobile A, parce qu'en comptant 2 tems, il a franchi au premier tems 3 eſpaces, on ſeroit auſſi bien reçu à lui imputer ici 19 de force, parceque dans la diviſion de 5 tems il parcourt d'abord 19; ce qui ſeroit une contradiction évidente.

Tome V.   F

Si donc on veut feulement bien faire attention que les obſtacles font égaux, & que les viteſſes & les tems ne le font point, il eſt à croire qu'enfin tout le monde fe rendra à cette démonſtration.

Je fuppoſe qu'il reſtât encore quelque doute ſur les vérités précédentes, l'expérience ne décide-t-elle pas fans retour la queſtion ? Et l'ancienne manière de calculer n'eſt-elle pas feule recevable, ſi par elle on rend une raiſon pleine de tous les cas auxquels la force femble être le produit du quarré de la viteſſe par la maſſe ? tandis que la nouvelle manière ne peut eu aucun fens rendre raifon des effets proportionels à la fimple viteſſe.

15. Or, il eſt conſtant qu'en diſtinguant les tems, on ne trouve jamais qu'une force proportionelle à la

vitesse en tems égaux, quoiqu'en des tems inégaux l'effet soit comme le quarré de la vitesse: mais lorsqu'une simple vitesse fait effet comme 1, & que 2 vitesses dans le même tems agissent précisément comme 2 il n'y a plus alors de quarré qui puisse expliquer cet effet simple, il ne reste donc qu'à voir des exemples.

16. S'il y a un cas où la force paroisse être comme le quarré de la vitesse, c'est dans le choc des fluides qui agissent en effet en raison doublée de leur vitesse; mais s'il est démontré que les fluides n'agissent ainsi que parcequ'en un tems donné, chaque particule n'agit qu'avec sa masse multipliée par sa simple vitesse, restera-t-il quelque doute sur l'évaluation des forces motrices?

La somme totale des impressions d'un corps quelconque est égal à l'impreſſion de chaque partie, répétée autant de fois qu'il y a de parties dans ce corps.

Soit conçu un fluide qui preſſe comme 100 contre un plan uni, & de hauteur égale à ce fluide, cette action eſt le produit de 10 $\times$ 10.

Donc ſi vous concevez un corps diviſé en 10, chaque partie n'a que 10 de viteſſe, & les 10 parties enſemble font la ſomme de 100 quarré de 10.

Et ſi on diſoit que chaque partie agit comme le quarré de ſa viteſſe, chacune de ſes parties agiroit alors comme 100, & le fluide auroit une action totale comme 1000; ce qui ne feroit plus alors le quarré de la viteſſe, mais le cube, dont on ne trouve ici, comme partout ailleurs que le produit de la viteſſe par la maſſe.

17. Eſt-il permis de redire encore ce qui a tant été dit, que les corps

qui fe choquent en raifon réciproque des viteſſes & des maſſes, agiſſent toûjours en cette proportion, & non en celle du quarré, & que les corps 1 choquant avec 10 de viteſſe, le corps 10 qui n'a que la viteſſe 1, la preſſion eſt égale de part & d'autre, & qu'ainſi les forces font évidemment égales?

18. L'expérience propofée par Mr. *Jurin*, n'eſt-elle pas une preuve ſans replique que 2 viteſſes en un tems ne donnent que 2 de force? on fait que c'eſt un plan mobile à qui on donne la viteſſe 1, ſur lequel on fait rouler, felon la même direction, une boule avec la même viteſſe. Ces 2 de viteſſe en un même tems ne feront jamais d'effet que comme 2, & non comme 4.

19. Les défenſeurs des forces vives ont-ils bien réfuté cette expérien-

en difant que le reffort qui donne la vitesse 1 à la boule, étant appuyé lui-même fur ce plan mobile, fait reculer ce plan & dérange l'expérience? N'eft-il pas aifé de remédier à ce petit dechet de mouvement que le plan mobile doit éprouver? on n'a qu'à fixer le reffort à un appui inébranlable, & jetter avec ce reffort la boule fur le plan mobile. L'expérience peut fe faire, l'effet ne peut s'en contefter; la queftion n'eft-elle pas alors décidée de fait?

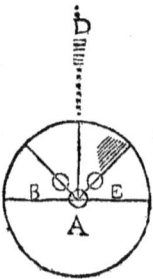

20. N'eft-il pas encore évident que ces cas, tels que Monfieur *Herman* rapporte, & tous les cas poffibles où un mobile femble communiquer plus de force qu'il n'a, font tous foumis à la diftinction du tems & à l'examen des forces du reffort? Par exemple, quand on dit qu'une boule fous double ayant la viteffe 2, communique en un tems une force quadruple aux deux boules doubles qu'elle frappe à la fois fous un angle de 60 degrés, la feule infpection de cette expérience ne démontre-t-elle pas que les deux boules choquées ne feront qu'en 2 tems le chemin qu'en fait en un tems la boule choquante; car A avec 2 de viteffe eut été en D double du rayon, dans le même tems que B & E parcouront chacune leur rayon?

21. Ne paroît-il pas encore que dans le choc des corps à reſſort, ce feroit ſe faire illuſion de croire que la force motrice ſoit le produit du quarré de la viteſſe, ſur ce que les quarrés de cette viteſſe multipliés par les maſſes, ſont toûjours après le choc égaux à la maſſe du corps choquant, multiplié par le quarré de ſa viteſſe ? Cette augmentation de forces qu'on trouve après le choc, ne vit-elle pas évidemment de la propriété des corps à reſſort ? & n'eſt-ce pas cette propriété qui fait qu'une boule, choquée par le moyen de 20 boules intermédiaires, toutes en raiſon ſous double, peut acquérir vingt mille fois plus de force que ſi elle étoit choquée par la premiere boule ſeulement ? Or il eſt démontré que dans ce cas ce n'eſt pas cette premiere boule qui poſſédoit ces vingt mille de forces ; n'eſt-

il donc pas de la derniere évidence que c'eſt au reſſort qu'il faut attribuer cette prodigieuſe augmentation?

Donc, de quelque côté qu'on ſe tourne, ſoit que l'on conſulte l'expérience, ſoit qu'on calcule, on trouve toûjours que la valeur des forces motrices eſt la maſſe par la viteſſe.

Seconde Partie.
De la Nature & de la Force.

1. Maintenant s'il eſt bien prouvé que ce qu'on appelle force motrice, eſt le produit de la ſimple viteſſe par la maſſe, ne ſera-t-il pas moins aiſé de parvenir à connoître ce que c'eſt que cette force?

2. Dabord, ſi elle eſt la même dans un corps qui n'eſt pas en mouvement, comme dans le bras d'une balance en repos, & dans un corps

qui est en mouvement, n'est-il pas clair qu'elle est toûjours de même nature, & qu'il n'y a point deux espèces de force, l'une morte, & l'autre vive, dont l'une différe infiniment de l'autre ? à moins qu'on ne dise aussi qu'un liquide est infiniment plus liquide quand il coule, que quand il ne coule pas.

3. Si la force n'est autre chose que le produit d'une masse par sa vitesse, ce n'est donc précisement que le corps lui même, agissant, ou prêt à agir avec cette vitesse. La force n'est donc pas un être à part, un principe interne, une substance qui anime les corps, & distinguée des corps, comme quelques Philosophes l'ont prétendu.

4. Cette force, qui n'est rien, sinon l'action des corps en mouvement, n'est donc primitivement dans des

êtres simples qu'on nomme monades, lesquelles ces Philosophes disent être sans étendue, & constituer cependant la matière étendue, & quand même ces êtres existeroient, il ne paroît pas plus qu'ils puissent avoir une force motrice, qu'il ne semble que des Zéros puissent former un nombre.

5. Si cette force n'est qu'une propriété, elle est sujette à variations, comme toutes les modes de la matière, & si elle est en même raison que la quantité du mouvement, n'est-il pas clair que sa quantité s'altére, si le mouvement augmente ou diminue.

6. Or, il est de fait que la quantité de mouvement augmente toutes les fois qu'un petit corps à ressort en choque un plus grand en repos. Par exemple, le mobile élastique A, qui a 20 de masse & 11 de vitesse, choque B en repos, dont la masse est

200, A rejaillit avec une quantité de mouvement de 180, & B marche avec 400.

Ainſi A, qui n'avoit que 20XII- 220 a produit 580. D'un autre côté il ſe perd, comme on en convient, beaucoup de mouvement dans le choc des corps inélaſtiques;

Donc la force augmente & diminue.

7. Les Philoſophes, qui ont dit que la permanence de la quantité de forces eſt une beauté néceſſaire dans la nature, ont-ils plus raiſon que s'ils diſoient que la même quantité d'eſpèces, d'individus de figures, &c. eſt une beauté néceſſaire?

8. S'il eſt inconteſtable que le choc d'un petit corps contre un plus grand, produiſe une force beaucoup plus grande que celle que ce petit corps poſſédoit, ne ſuit-il pas évidemment

que les corps ne communiquent point de force proprement dite ? car dans l'exemple ci deſſus, où 20 de maſſe avec 11 de viteſſe ont produit 580 de force, le corps B qui a 200 de maſſe, acquiert une force de 400, qui n'eſt que le réſultat de la maſſe 200 par la viteſſe 2. Or, certainement il n'a pas reçu de lui ſa maſſe, il n'a reçu que ſa viteſſe, laquelle n'eſt qu'un des compoſans, un des inſtrumens de la force, dont les corps ne communiquent point la force.

9. Mais la maſſe & le mouvement ſuffiſent-ils pour opérer cette force ? ne faut-il pas évidemment l'inertie, ſans laquelle la matière ne reſiſteroit pas, & ſans laquelle il n'y auroit nulle action ? L'inertie, le mouvement & la maſſe ſuffiſent-ils, ne faut-il pas un principe qui tienne tous les corps de la nature en mouve-

ment, & leur communique ainsi incessamment une force agissante ou prête d'agir? & ce principe n'est-il pas la gravitation, soit que la gravitation ait elle-même une cause physique, soit qu'elle n'en ait point?

10. La gravitation, qui imprime le mouvement à tous les corps vers un centre, n'est-elle pas encore très loin de suffire pour rendre raison de la force active des corps organisés? & ne leur faut-il pas un principe interne de mouvement, tel que celui de ressort.

11. La force active, causée par ce ressort, agissant suivant ces mêmes loix & opérant les mêmes effets que toute force quelconque, ne doit-on pas en conclure que la nature qui va souvent à différens buts par la même voye, va aussi au même but par dif-

férens chemins ? & qu'ainfi la véritable Phyfique confifte à tenir régigiftre des opérations de la nature, avant de vouloir tout affervir à une loi générale?

ANECDOTES
SUR
Louis XIV. (*).

Louis XIV. étoit, comme on fait le plus bel homme & le mieux fait de fon Royaume. C'étoit lui que *Racine* défignoit dans *Berenice* par ces Vers.

En quelque obfcurité que le ciel l'eût fait naître,
Le monde en le voyant eût réconnu fon maître.

(*) Henri IV. & Louis XIV. ont eu de grands droits au fouvenir de la poftérité, mais il faut convenir que Mr. de *Voltaire* n'a pas nui à leur gloire. Quand on lit le *Siècle de Louis le Grand*, on croit lire l'Hiftoire des beaux Siècles d'*Athènes* & de *Rome*. Nulle autre Hiftoire moderne n'infpire cet intérêt, & ne rehauffe autant la Nation. Il femble que rien ne pouvoit être indifférent du Monarque qui la gouvernoit alors.

Le

Le Roi fentit bien que cette Tragédie & furtout ces deux Vers, étoient faits pour lui. Rien n'embellit d'ailleurs comme une couronne. Le fon de fa voix étoit noble & touchant. Tous les hommes l'admiroient & toutes les femmes foupiroient pour lui. Il avoit une démarche qui ne pouvoit convenir qu'à lui feul, & qui eût été ridicule en tout autre. Il fe complaifoit à impofer par fon air. L'embarras de ceux qui lui parloient, étoit un hommage qui flattoit fa fupériorité. Ce vieil Officier, qui en lui demandant une grace, balbutioit, récommençoit fon difcours, & qui enfin lui dit, Sire, au moins je ne tremble pas ainfi devant vos ennemis, n'eût pas de peine à obtenir ce qu'il demandoit.

La nature lui avoit donné un tempérament robufte. Il fit parfaitement

tous fes exercices; jouoit très-bien à tous les jeux qui demandent de l'adreffe & de l'action; il danfoit les danfes graves avec beaucoup de grace. Sa conftitution étoit fi bonne, qu'il fit toûjours deux grands repas par jour, fans altérer fa fanté; ce fût la bonté de fon tempérament qui fit l'égalité de fon humeur. *Louis XIII.* infirme étoit chagrin, foible & difficile. *Louis XIV.* parloit peu, mais toûjours bien. Il n'étoit pas favant, mais il avoit le goût jufte. Il entendoit un peu l'Italien & l'Efpagnol, & ne put jamais apprendre le Latin, que l'on montre toûjours affez mal dans une éducation particulière, & qui eft de toutes les fciences la moins utile à un Roi. On a imprimé fous fon nom une traduction des Commentaires de *Céfar.* Ce font les thémes, mais on les faifoit avec lui; il y avoit peu de part, & on lui difoit qu'il les avoit faits. J'ai ouï dire au Cardinal de *Fleury*, que *Louis XIV*. lui avoit un jour demandé ce que c'étoit que le Prince *Quemadmodum*, mot fur lequel un Muficien dans un motet avoit prodigué, felon leur coutume, beaucoup de travail; le Roi lui avoua à cette occafion qu'il n'avoit prefque jamais rien fçû de cette langue. On eût mieux fait de lui enfeigner l'Hiftoire, la Géographie, & furtout la vraie Philofophie, que les Princes connoiffent fi rarement. Son bon fens & fon goût naturel fupléerent à tout. En fait des Beaux-Arts, il n'aimoit que l'excellent. Rien ne le prouve mieux que l'ufage qu'il fit de *Racine*, de *Boileau*, de *Moliere*, de *Boffuet*, de *Fenelon*, de *le Brun*, de *Girardon*, de *le Notre*, &c. Il donna même quelquefois à *Quinault* des sujets d'Opera, & ce fût lui qui choisit *Armide*. Mr. de *Colbert* ne protégea tous les Arts & ne les fit fleurir que pour se conformer au goût de son maître, car Mr. de *Colbert* étant sans Lettres, élevé dans le négoce & chargé par le Cardinal *Mazarin* de détails d'affaires, ne pouvoit avoir pour les Beaux-Arts ce goût que donne naturellement une Cour galante, à laquelle il faut des plaisirs au dessus du vulgaire. Mr. *Colbert* étoit un peu sec & sombre; ses grandes vues pour la Finance & pour le Commerce, où le Roi étoit & devoit être moins intelligent que lui, ne s'étendirent pas d'abord jusqu'aux Arts aimables; il se forma le goût par l'envie de plaire à son maître, & par l'émulation que lui donnoit la gloire acquise par Mr. *Fouquet* dans la protection des Lettres, gloire qu'il conferva dans fa difgrace. Il ne fit d'abord que de mauvais choix, & lorsque *Louis XIV.* en 1662 voulut favorifer les Lettres, en donnant des penfions aux hommes de génie & même aux Savans, *Colbert* ne s'en rapporta qu'à ce *Chapelain*, dont le nom eft depuis devenu fi ridicule, grace à fes ouvrages & à *Boileau ;* mais il avoit alors une grande réputation, qu'il s'étoit faite par un peu d'érudition, affez de critique & beaucoup d'adreffe; c'eft ce choix qui indigna *Boileau*, jeune encore, & qui lui infpira tant de traits fatyriques. Mr. de *Colbert* fe corrigea depuis, & favorifa ceux qui avoient des talens véritables, & qui plaifoient au maître.

Ce fût *Louis XIV.* qui de fon propre mouvement donna des penfions à *Boileau*, à *Racine*, à *Peliffon*, à beaucoup d'autres; il s'entretenoit quelquefois avec eux, & même lorsque *Boileau* se fût rétiré à *Auteuil*, étant affoibli par l'âge, & qu'il vint faire sa cour au Roi pour la dernière fois, le Roi lui dit, si votre santé vous permet de venir encore quelquefois à *Verfailles*, j'aurai toûjours une demie heure à vous donner. Au mois de Septembre 1690, il nomma *Racine* du voyage de *Marly*, & il se faisoit lire par lui les meilleurs ouvrages du tems.

L'année d'auparavant il avoit gratifié *Racine* & *Boileau*, chacun de mille pistoles, qui font vingt mille livres d'aujourd'hui pour écrire son Histoire, & il avoit ajouté à ce présent quatre mille livres de pension.

On voit évidemment par toutes ces libéralités répandues de son propre mouvement, & surtout par sa faveur accordée à *Péliffon*, persécuté par *Colbert*, que ſes Miniſtres ne dirigeoient point ſon goût. Il ſe porta de lui-même à donner des penſions à pluſieurs ſavans étrangers, & Mr. *Colbert* conſulta Mr. *Perrault* ſur le choix de ceux qui reçurent cette gratification ſi honorable pour eux & pour le Souverain. Un de ſes talens étoit de tenir une Cour, il rendit la ſienne la plus magnifique & la plus galante de l'Europe. Je ne ſais pas comment on peut lire encore des deſcriptions de fêtes dans des Romans, après avoir lû celles que donna *Louis XIV*. Les fêtes de *Saint Germain*, de *Verſailles*, ſes carouſels ſont au deſſus de ce que l'imagination la plus romaneſque a inventé. Il danſoit d'ordinaire à ces fêtes avec les plus belles perſonnes de ſa Cour; il ſembloit que la nature eût fait des efforts pour ſeconder le goût de *Louis XIV*. Sa Cour étoit remplie des hommes les mieux faits de l'Europe, & il y avoit à la fois plus de trente femmes d'une beauté accomplie. On avoit foin de compofer des danfes figurées, convenables à leurs caractères & à leurs galanteries. Souvent même les pièces qu'on repréfentoit étoient remplies d'allufions fines, qui avoient rapport aux intérêts fecrets de leurs cœurs. Non feulement il y eût de ces fêtes publiques dont *Moliere* & *Lully* furent les principaux ornemens; mais il y en eût de particulières, tantôt pour Madame, belle-fœur du Roi, tantôt pour Madame de la *Valiere*, il n'y avoit que peu de Courtifans qui y fuffent admis; c'étoit fouvent *Benferade* qui en faifoit les Vers, quelquefois un nommé *Bellot*, Valet de Chambre du Roi. J'ai vû des Canevas de ce dernier, corrigés de la main de *Louis XIV*. On connoît ces Vers galans que faiſoit *Benſerade* pour ces Ballets figurés, où le Roi danſoit avec ſa Cour; il y confondoit preſque toûjours par une alluſion délicate la perſonne & le rôle. Par exemple, lorſque le Roi dans un de ces Ballets repréſentoit *Apollon :* voici ce que fit pour lui *Benſerade*.

Je doute qu'on le prenne avec nous ſur le ton
De Daphné de Phaëton ;
Lui trop ambitieux, elle trop inhumaine.
Il n'eſt point là de piége où vous puiſſiez donner,
Le moyen de s'imaginer
Qu'une femme vous fuye, ou qu'un homme vous mene.

Lorſqu'il eût marié ſon petit-fis, le Duc de Bourgogne à la Princeſſe *Adelaïde* de Savoye, il fit jouer des

Comédies pour elle dans un des appartemens de *Verſailles*. *Duché*, l'un de ſes domeſtiques, Auteur du bel Opéra d'*Iphigénie*, compoſa la Tragédie d'*Abſalon* pour ces fêtes ſecrettes, Madame la Ducheſſe de Bourgogne repréſentoit la fille d'*Abſalon;* le Duc d'Orléans, le Duc de la *Valiere* y jouoient, le fameux Acteur *Baron* dirigeoit la troupe & y jouoit auſſi.

Il y avoit alors appartemens trois fois la ſemaine à *Verſailles;* la Galerie & toutes les pièces étoient remplies, on jouoit dans un ſalon, dans l'autre il y avoit muſique, dans un troiſième une collation. Le Roi animoit tous ces plaiſirs par ſa préſence. Quelquefois il faiſoit dreſſer dans la Galerie des boutiques garnies des bijoux les plus précieux, il en faiſoit des Loteries, ou bien on les jouoit à la rafle, & Madame la Duchesse de Bourgogne distribuoit souvent les lots gagnés,

C'étoit au milieu de tous ces amusemens magnifiques & des plaisirs les plus délicats, qu'il forma ces vastes projets, qui firent trembler l'Europe; il mena la Reine & toutes les Dames de sa Cour sur la frontière. A la Guerre de 1667, il distribua pour plus de cent mille écus de présens, soit aux Seigneurs Flamands, qui venoient lui rendre leurs respects, soit aux Députés des villes, soit aux Envoyés des Princes, qui venoient le complimenter, & il suivoit en cela son goût pour la magnificence, autant que la politique. C'est sur quoi on ne peut assez s'étonner, qu'on l'ait osé accuser d'avarice dans presque toutes les pitoyables histoires, qu'on a compilées de son regne: jamais

Prince n'a plus donné, plus à propos & de meilleure grace.

Les plaisirs nobles dont il occupa sans cesse la plus brillante Cour du monde, ne l'empêcherent point d'assister régulierement à tous ses Conseils; il les tenoit même pendant qu'il étoit malade, & il ne s'en dispensa qu'une fois pour aller à la chasse, il y avoit peu d'affaires ce jour-là, il entra pour dire qu'il n'y auroit point de Conseil, & le dit en parodiant ainsi sur le champ un Air d'un Opéra de *Quinault* & de *Lully*.

Le Conseil à ses yeux a beau se présenter:
Sitôt qu'il voit sa chienne, il quitte tout pour elle
Rien ne peut l'arrêter
Quand la chasse l'appelle.

Il avoit fait quelques petites Chansons dans ce goût aisé & naturel, &

dans les voyages en Franche-Comté, il faifoit faire des impromptus à fes Courtifans, furtout à *Péliſſon* & au Marquis *d'Angeau*. Il ne jouoit pas mal de la guitarre, qui étoit alors à la mode, & fe connoiffoit très-bien en mufique auffibien qu'en peinture. Dans ce dernier Art, il n'aimoit que les fujets nobles. Les Teniers & les autres petits Peintres Flamands ne trouvoient point grace devant fes yeux : otés-moi ces magots-là dit-il un jour, qu'on avoit mis un Teniers dans un de fes appartemens.

Malgré fon goût pour la grande & noble Architecture, il laiffa fubfifter l'ancien corps du Château de *Verfailles*, avec les fept croifées de face & fa petite Cour de marbre du côté de *Paris*. Il n'avoit d'abord deftiné ce Château qu'à un rendez-vous de chaffe, tel qu'il l'avoit été du tems de *Louis XIII*. qui l'avoit acheté du Secrétaire d'Etat *Lomenie*. Petit-à-petit, il en fit ce Palais immenſe, dont la façade du côté des jardins, eſt ce qu'il y a de plus beau dans le monde, & dont l'autre façade eſt dans le plus petit & le plus mauvais goût; il dépenſa à ce Palais & aux jardins plus de cinq cens millions, qui en font plus de neuf cens de nôtre eſpèce. Mr. le Duc de *Créqui* lui diſoit: Sire, vous avez beau faire, vous n'en ferez jamais qu'un favori ſans mérite.

Les chefs-d'œuvres de ſculpture furent prodigués dans ſes jardins. Il en jouiſſoit & les alloit voir ſouvent. J'ai ouï dire à feu Mr. le Duc *d'Antin*, que lorſqu'il fût Surintendant des Bâtimens, il faiſoit quelquefois mettre ce qu'on appelle des calles entre les ſtatues & les ſocles, afin que quand le Roi viendroit fe promener, il s'apperçût que les ftatues n'étoient pas droites, & qu'il eût le mérite du coup-d'œil. En effet le Roi ne manquoit pas de trouver le défaut. Mr. *d'Antin* conteftoit un peu, & enfuite fe rendoit, & faifoit redreffer la ftatue, en avouant avec une furprife affectée, combien le Roi fe connoiffoit à tout. Qu'on juge par cela feul, combien un Roi doit aifément s'en faire accroire.

On fait le trait de Courtifan que fit ce même Duc *d'Antin*, lorfque le Roi vint coucher à *Petit-Bourg*, & qu'ayant trouvé qu'une grande allée de vieux arbres faifoit un mauvais effet, Mr. *d'Antin* la fit abbattre & enlever la même nuit; & le Roi à fon réveil n'ayant plus trouvé fon allée, il lui dit: Sire, comment voulez-vous qu'elle ofât paroître encore devant vous, elle vous avoit déplû.

Ce fût le même Duc *d'Antin*, qui à *Fontainebleau* donna au Roi & à Madame la Ducheffe de *Bourgogne* un fpectacle plus fingulier, & un exemple plus frappant du rafinement de la flatterie la plus délicate. *Louis XIV.* avoit témoigné qu'il fouhaiteroit qu'on abbattit quelque jour un bois entier, qui lui ôtoit un peu de vûe. Mr. *d'Antin* fit fcier tous les arbres du bois, près de la racine, de façon qu'ils ne tenoient prefque plus; des cordes étoient attachées à chaque pièce d'arbre, & plus de douze cens hommes étoient dans ce bois prêts au moindre fignal. Mr. *d'Antin* favoit le jour que le Roi devoit fe promener de ce côté avec toute fa Cour. Sa Majefté ne manqua pas de dire combien ce morceau de forêt lui déplaifoit.

plaisoit. Sire, lui répondit-il, ce bois sera abattu dès que Votre Majesté l'aura ordonné. Vraiment, dit le Roi, s'il ne tient qu'à cela je l'ordonne, & je voudrois déja en être défait. Eh bien, Sire, vous allez l'être. Il donna un coup de siflet, & on vit tomber la forêt. Ah! Mesdames, s'écria Madame la Duchesse de *Bourgogne*, si le Roi avoit demandé nos têtes, Mr. *d'Antin* les feroit tomber de même: bon mot un peu vif, mais qui ne tiroit point à conséquence.

C'étoit ainsi que tous les Courtisans cherchoient à lui plaire, chacun selon son pouvoir & son esprit. Il le méritoit bien, car il étoit occupé lui-même de se rendre agréable à tout ce qui l'entouroit: c'étoit un commerce continuel de tout ce que la Majesté peut avoir de graces, sans jamais se dégrader, & de tout ce que l'empreſſement de ſervir & de plaire peut avoir de fineſſe, ſans l'air de la baſſeſſe; il étoit ſurtout avec les femmes d'une attention & d'une politeſſe, qui augmentoit encore celle de ſes Courtiſans, & il ne perdit jamais l'occaſion de dire aux hommes de ces choſes, qui flattent l'amour-propre en excitant l'émulation, & qui laiſſent un long ſouvenir.

Un jour Madame la Dauphine voyant à ſon ſouper un Officier qui étoit très laid, plaiſanta beaucoup & très haut ſur ſa laideur: Je le trouve, Madame, dit le Roi encore plus haut, un des plus beaux hommes de mon Royaume, car c'eſt un des plus braves.

Le Comte de *Marivaux*, Lieutenant-Général, homme un peu brutal & qui n'avoit pas adouci ſon caractère dans la Cour même de *Louis*

XIV. avoit perdu un bras dans une action, & fe plaignoit un jour au Roi, qui l'avoit pourtant récompenfé, autant qu'on peut le faire pour un bras caffé: Je voudrois avoir perdu auffi l'autre, & ne plus fervir Votre Majefté. J'en ferois bien fâché pour vous & pour moi, lui répondit *Louis XIV.* & ce difcours fût fuivi d'une grace qu'il lui accorda. Il étoit fi éloigné de dire des chofes défagréables, qui font des traits mortels dans la bouche d'un Prince, qu'il ne fe permettoit pas même les plus innocentes & les plus douces railleries, tandis que les particuliers en font tous les jours de fi cruelles & de fi funeftes.

Il faifoit un jour un conte à quelques-uns de fes Courtifans, & même il avoit promis que le conte feroit plaifant, cependant il le fut fi peu que l'on ne rit point, quoique le conte fut d'un Roi. Mr. le Prince *d'Armagnac* qu'on appelloit Monſieur *le Grand*, ſortit alors de la chambre, & le Roi dit à ceux qui reſtoient: Meſſieurs vous avés trouvé mon conte fort inſipide, & vous avés eu raiſon; mais je me ſuis apperçû qu'il y avoit un trait, qui regarde de loin Monſieur *le Grand*, & qui auroit pû l'embaraſſer; j'ai mieux aimé le ſupprimer, que de hazarder de lui déplaire: à préſent qu'il eſt ſorti, voici mon conte: il l'acheva, & on rit. On voit par ces petits traits, combien il eſt faux qu'il ait jamais laiſſé échapper ce diſcours dur & révoltant, dont on l'accuſe: qu'importe lequel de mes valets me ſerve: c'étoit dit-on pour mortifier Mr. *de la Rochefoucault*. *Louis XIV*. étoit incapable d'une telle indécence. Je m'en ſuis informé à tous ceux qui approchoient de sa personne, ils m'ont tous dit que c'étoit un conte impertinent, cependant il est répété & cru d'un bout de la France à l'autre. Les petites calomnies font fortune comme les grandes. Comment des paroles si odieuses pourroient-elles se concilier avec ce qu'il dit au même Duc *de la Rochefoucault*, qui étoit embarrassé de dettes ? *Que ne parlez-vous à vos amis*, mot qui lui-même valoit beaucoup, & qui fut accompagné d'un don de cinquante mille écus. Quand il reçut un Légat qui vint lui faire des excuses au nom du Pape, & un Doge de *Genes*, qui vint lui demander pardon, il ne songea qu'à leur plaire. Ses Ministres agissoient un peu plus durement. Aussi le Doge *Lercaro*, qui étoit un homme d'esprit, disoit : Le Roi nous ôte la liberté en captivant nos cœurs, mais ſes Miniſtres nous la rendent.

Lorſqu'en 1686 il donna à ſon fils, le grand Dauphin, le commandement de ſon Armée ; il lui dit ces propres mots ; En vous envoyant commander mon Armée, je vous donne les occaſions de faire connoître votre mérite ; c'eſt ainſi qu'on apprend à regner ; il ne faut pas , quand je viendrai à mourir, qu'on s'apperçoive que le Roi eſt mort. Il s'exprimoit preſque toûjours avec cette nobleſſe. Rien ne fait plus d'impreſſion ſur les hommes , & on ne doit pas s'étonner que ceux qui l'approchoient euſſent pour lui une eſpèce d'idolâtrie.

Il eſt certain qu'il étoit paſſionné pour la gloire, & même encore plus que pour la réalité de ſes conquêtes. Dans l'acquiſition de l'Alſace & de la moitié de la Flandre, de toute la

Franche-Comté, ce qu'il aimoit le mieux étoit le nom qu'il fe faifoit.

En effet pendant plus de cinquante ans il n'y eût en Europe aucune tête couronnée, que fes ennemis même ôfaffent feulement mettre avec lui en comparaifon. L'Empereur *Leopold* qu'il fecourût quelquefois & humilia toûjours, n'étoit pas un Prince qui pût difputer rien au Roi de France. Il n'y eût de fon tems aucun Empereur turc, qui ne fût un homme médiocre & cruel. *Philippe IV.* & *Charles II.* étoient auffi foibles, que la Monarchie efpagnole l'étoit devenue. *Charles II.* d'Angleterre ne fongea à imiter *Louis XIV.* que dans fes plaifirs. *Jacques II.* ne l'imita que dans fa dévotion, & il profita mal des efforts que fit pour lui fon protecteur. *Guillaume III.* fouleva l'Europe contre *Louis XIV;* mais il ne pût l'égaler ni en grandeur d'ame, ni en magnificence, ni en monumens, ni en rien de ce qui a illuftré ce beau regne. *Chriftine* en Suède ne fut fameufe, que par fon abdication, & par fon efprit. Les Rois de Suéde fes fucceffeurs, jufqu'à *Charles XII*. ne firent prefque rien de digne du grand *Guftave*, & *Charles XII*. qui fut un héros, n'eût pas la prudence qui en eût fait un grand homme. *Jean Sobiesky* en Pologne, eût la réputation d'un brave Général, mais ne pût acquerir celle d'un grand Roi. Enfin *Louis XIV*. jufqu'à la bataille d'*Hochfted*, fut le feul puiffant, le feul magnifique, le feul grand prefqu'en tout genre. L'hôtel de ville de *Paris* lui décerna ce nom de Grand en 1680. & l'Europe, quoique jaloufe, le confirma.

On l'a accufé d'un fafte & d'un orgueil infupportable, parceque fes ftatues à la place *Vendôme* & à celle des *Victoires* ont des bases ornées d'esclaves enchaînés. On ne veut pas voir que celle du Grand, du Clément, de l'Adorable *Henri IV.* sur le Pont neuf, est aussi accompagnée de quatre esclaves; que celle de *Louis XIII.* faite anciennement pour *Henri II.* en a autant, & que celle même du grand Duc *Ferdinand de Médicis* à *Livourne*, a les mêmes attributs. C'est un usage des sculpteurs plûtôt qu'un monument de vanité. On érige ces monumens pour les Rois, comme on les habille sans qu'ils y prennent garde.

On prononça son panégyrique publiquement à *Florence* & à *Boulogne*. Mr. *Guillermini*, fameux Astronome toscan, fit bâtir une maison à *Florence* à l'aide de ses libéralités, & grava sur la porte, *Ædes a Deo data*, maifon donnée par un Dieu: allufion au furnom de Dieu donné, que *Louis XIV.* avoit eu dans fon enfance, & au Vers de *Virgile: Deus nobis hæc otia fecit.* Cette infcription étoit fans doute plus idolâtre, que celle de la ftatue de la place des *Victoires: Viro immortali*, à l'homme immortel: on a critiqué cette dernière, comme fi ce mot immortel fignifioit autre chofe que la durée de fa renommée.

Il étoit fi peu amoureux de cette fauffe gloire qu'on lui reproche qu'il fit ôter de la Galerie de *Verfailles*, les infcriptions pleines d'enflure & de fafte, que *Charpentier* de l'Academie françoife avoit mifes à tous les cartouches. Le fameux paffage du *Rhin*, la fage conduite du Roi, la merveilleufe entreprife &c.

Louis XIV. fupprima toutes les épithétes, & ne laiffe que les faits.

L'inscription qui est à *Paris* à la porte *Saint Denis*, & qu'on lui a reprochée, est à la vérité insultante pour les Hollandois ; mais elle ne contient pour *Louis XIV.* aucune louange révoltante. Il n'entendoit point le latin, comme on l'a dit, il n'alla presque jamais à *Paris*, & peut-être n'a-t-il pas plus entendu parler de cette inscription, que de celles de *Santeuil* qui sont aux fontaines de la ville. Il seroit à souhaiter après tout, que nous ne laissassions subsister aucun monument humiliant pour nos voisins, & que nous imitassions en cela les Grecs qui après la guerre du *Péloponése* détruisirent tout ce qui pouvoit réveiller l'animosité & la haine. Les misérables Histoires de *Louis XIV.* disent presque toutes que l'Empereur *Léopold* fit élever une pyramide dans le champ de bataille d'*Hochsted* : cette pyramide n'a exifté que dans des gazettes, & je me fouviens que Mr. le Maréchal de *Villars* me dit, qu'après la prife de *Fribourg*, il envoya cinquante maîtres fur le champ, où s'étoit donnée cette funefte bataille, avec ordre de détruire la pyramide, en cas qu'elle exiftât, & qu'on n'en trouva pas le moindre veftige. Il faut mettre ce conte de la pyramide avec celui de la médaille du *fta fol :* arrête-toi foleil, qu'on prétend que les Etats Généraux avoient fait frapper après la paix d'*Aix la Chapelle*, fottife à laquelle ils ne penferent jamais.

Les chofes principales dont *Louis XIV.* tiroit fa gloire, étoient d'avoir au commencement de fon regne, forcé la branche d'Autriche efpagnole, qui difputoit depuis cent ans la préféance à nos Rois, à la céder pour jamais en 1661, d'avoir entrepris dès 1664 la jonction des deux mers ; d'avoir réformé les loix en 1667, d'avoir conquis la même année la Flandre françoife en fix femaines ; d'avoir pris l'année fuivante la Franche-Comté en moins d'un mois, au cœur de l'hyver, d'avoir fçû ajouter à la France *Dunkerque* & *Strasbourg*. Que l'on ajoute à ces objets qui devoient le flatter, une marine de près de deux cens vaiffeaux, en comptant les alléges ; foixante mille matelots enclaffés en 1681, outre ceux qu'il avoit déja formés ; le port de *Toulon*, celui de *Breft* & de *Rochefort* bâtis, cent cinquante Citadelles conftruites ; l'établiffement des invalides, de *Saint Cyr*, l'Ordre de *Saint Louis*, l'Obfervatoire, l'Académie des Sciences, l'abolition du duel, l'établiffement de la Police, la réforme des loix : on verra que fa gloire étoit fondée. Il ne fit pas tout ce qu'il pouvoit faire, mais il fit beaucoup plus qu'un autre. Quand je dirai que tous les grands monumens n'ont rien couté à l'Etat qu'ils ont embelli, je ne dirai rien que de très vrai. Le peuple croit qu'un Prince qui dépenſe beaucoup en bâtimens & en établiſſemens ruine ſon Royaume; mais en effet il l'enrichit, il répand de l'argent parmi une infinité d'artiſtes, toutes les profeſſions y gagnent; l'induſtrie & la circulation augmentent, le Roi qui fait le plus travailler ſes ſujets, eſt celui qui rend ſon Royaume le plus floriſſant. Il aimoit les louanges ſans doute, mais il ne les aimoit pas groſſières, & les caractères qui ſont inſenſibles aux juſtes louanges, n'en méritent d'ordinaire aucune. S'il permit les prologues d'Opéra, dans lesquels *Quinault* le célébroit, ces éloges plaisoient à la Nation, & redoubloient la vénération qu'elle avoit pour lui. Les éloges que *Virgile, Horace* & *Ovide* même prodiguerent à *Auguste*, étoient beaucoup plus forts, & si on songe aux proscriptions, ils étoient assûrément bien moins mérités.

Louis XIV. n'adoptoit pas toûjours les louanges dont on l'accabloit. L'Académie Françoise lui rendoit régulièrement compte des sujets qu'elle proposoit pour le prix. Il y eut une année, où elle avoit donné pour sujet du prix : *laquelle de toutes les vertus du Roi méritoit la préférence :* il ne voulut pas recevoir ce coup d'encensoir assommant, & défendit que ce sujet fût traité.

Il résulte de tout ce qu'on vient de rapporter, que jamais homme n'ambitionna plus la vraie gloire. La modeſtie véritable eſt, je l'avoue, au deſſus d'un amour propre ſi noble. S'il arrivoit qu'un Prince ayant fait d'auſſi grandes choſes que *Louis XIV.* fût encore modeſte, ce Prince ſeroit le premier homme de la terre, & *Louis XIV.* le ſecond.

Une preuve inconteſtable de ſon excellent caractère, c'eſt la longue lettre qu'il écrivoit à Mr. *le Tellier*, Archevêque de *Rheims*, que j'ai eu le bonheur de voir en original. Il étoit très mécontent de Mr. de *Barbezieux*, neveu de ce Prélat, auquel il avoit donné la place de Secrétaire d'Etat du célèbre *Louvois* ſon père. Il ne vouloit pas dire des choſes dures à Mr. de *Barbezieux;* il écrivit à ſon oncle pour le prier de lui parler & de le corriger: je fais ce que je dois, dit-il, à la mémoire de Mr. de
Lou-

Louvois, mais fi votre neveu ne change de conduite, je ferai forcé avec douleur à prendre un parti; enfuite il entre dans un long détail de toutes les fautes qu'il reproche à fon Miniftre, comme un père de famille tendre & inftruit de ce qui fe paffe dans fa maifon. Il fe plaint que Mr. de *Barbezieux* ne fait pas un affez bon ufage de fes grands talens; qu'il néglige quelquefois les affaires pour les plaifirs; qu'il fait attendre trop longtems les Officiers dans fon antichambre; qu'il parle avec trop de hauteur & de dureté. La lettre eft affûrement d'un Roi & d'un père.

Toutes les Hiftoires imprimées en Hollande reprochent à *Louis XIV.* la révocation de l'Edit de *Nantes*. Je le crois bien. Tous ces livres font écrits par des proteftans. Ils furent des ennemis d'autant plus implaca-

Tome V.   I

bles de ce Monarque, qu'avant d'avoir quitté le Royaume, ils étoient des fujets fidèles. *Louis XIV*. ne les chaffa pas comme *Philippe III*. avoit chaffé les Maures d'Efpagne, ce qui avoit été à la Monarchie efpagnole une playe inguériffable. Il vouloit retenir les Huguenots & les convertir. J'ai demandé à Mr. le Cardinal de *Fleury* ce qui avoit principalement engagé le Roi à ce coup d'autorité, il me répondit que tout venoit de Mr. de *Baville*, Intendant de Languedoc, qui s'étoit flatté d'avoir aboli le Calvinisme dans cette Province, où cependant il reftoit plus de quatre-vingt mille Huguenots. *Louis XIV*. crut aifément, que puifqu'un Intendant avoit détruit la fecte dans fon département, il l'anéantiroit dans fon Royaume. Mr. de *Louvois* confulta fur cette grande affaire Mr. de

Gourville, que le Roi *Charles II.* d'Angleterre appelloit le plus fage des François. L'envie de Mr. de *Gourville* fut d'enlever à la fois tous les Miniftres des Eglifes proteftantes. Au bout de fix mois, dit-il, la moitié de fes Miniftres abjurera, & on les lâchera dans le troupeau, l'autre moitié fera opiniâtre & reftera enfermée fans pouvoir nuire; il arrivera qu'en peu d'années les Huguenots n'ayant plus que des Miniftres convertis & engagés à foutenir leur changement, fe réuniront tous à la Religion Romaine. D'autres étoient d'avis, qu'au lieu d'expofer l'Etat à perdre un grand nombre de citoyens, qui avoient en main les manufactures & le commerce, on fit venir au contraire des familles luthériennes, comme il y en a dans l'Alface. L'Autorité Royale étoit affermie fur des fondemens inébranlables, & toutes les sectes du monde n'auroient pas fait dans une ville une sédition de quinze jours. Mr. de *Colbert* s'oppofa toûjours à un coup d'éclat contre les Huguenots, il menageoit des fujets utiles. Les manufactures de *Vanrobes* & de beaucoup d'autres, qu'il avoit établies, n'étoient maintenues que par des gens de cette fecte.

Après fa mort arrivée en 1683 Mr. *le Tellier* & Mr. de *Louvois* pouf-ferent les Calviniftes : ils s'ameuterent, on révoqua l'Edit de *Nantes*, on abattit leurs temples; mais on fit la grande faute de bannir les Miniftres. Quand les bergers marchent, les troupeaux fuivent. Il fortit du Royaume, malgré toutes les précautions qu'on prit, plus de huit cens mille hommes, qui porterent avec eux dans les pays étrangers environ un milliard d'argent, tous les arts & leur haine contre leur patrie. La Hollande, l'Angleterre, l'Allemagne furent peuplées de ces fugitifs. *Guillaume III.* eut des regimens entiers de Proteftans françois à fon fervice; il y a dix mille Réfugiés françois à *Berlin*, qui ont fait de cet endroit fauvage une ville opulente & fuperbe. Ils ont fondé une ville jufqu'au fond du Cap de bonne Efpérance.

Louis XIV. fût très malheureux depuis 1704 jufqu'en 1712, il foutint fes difgraces, comme un homme qui n'auroit jamais connu de profpérité. Il perdit fon fils unique en 1711, & il vit périr en 1712, dans l'efpace d'un mois, le Duc de Bourgogne, fon petit-fils, la Ducheffe de Bourgogne, & l'ainé de fes arriere-petits-fils. Le Roi fon fucceffeur, qu'on appelloit alors le Duc *d'Anjou* fut auſſi à l'extrémité. Leur maladie étoit une rougeole maligne, dont furent attaqués en même tems Mr. de *Seigneley*, Mademoiſelle *d'Armagnac*, Mr. de *Liſtenay*, Madame de *Gondrin*, qui a été depuis Comteſſe de *Touloufe*, Mad. de la *Vrilliere*, Mr. le Duc de la *Trémoïlle*, & beaucoup d'autres perſonnes à *Verſailles*. Mr. le Marquis de *Gondrin* en mourut en deux jours. Plus de trois cens perſonnes en périrent à *Paris*. La maladie s'étendit dans preſque toute la France. Elle enleva en Lorraine deux enfans du Duc. Si on avoit voulu ſeulement ouvrir les yeux & faire la moindre reflexion, on ne ſe feroit pas abandonné aux calomnies abominables qui furent ſi aveuglement répandues; elles furent la ſuite du diſcours imprudent d'un Médecin, nommé *Boudin*, homme de plaiſir hardi & ignorant, qui dit que la maladie dont ces Princes étoient morts n'étoit pas naturelle. C'eft une chofe qui m'étonne toûjours, que les François qui font aujourd'hui fi peu capables de commettre de grands crimes, foient fi prompts à les croire. Le fameux Chymifte *Homberg*, vertueux Philofophe & d'une fimplicité extrême, fut tout étonné d'entendre dire qu'on le foupçonnoit; il courut vite à la Baftille pour s'y conftituer prifonnier, on fe mocqua de lui, & on n'eût garde de le recevoir, mais le public toûjours téméraire, fut long-tems imbu de ces bruits horribles, dont la fauffeté reconnue devroit apprendre aux hommes à juger moins légerement, fi quelque chofe peut corriger les hommes.

Un des malheurs de la fin du regne de *Louis XIV*. fut le dérangement

des finances ; il commença dès l'an 1689.
On fit porter tous les meubles d'argent orfèvris à la monnoye, en dépouillant fa Galerie & fon grand appartement de tous ces meubles admirables d'argent maffif, fculptés par *Balin* fur les deffeins du fameux *le Brun*, & de tout cela on ne retira que trois millions de profit. On établit la capitation en 1695 : on fit des Tontines. Mr. de *Pontchartrain* en 1696, vendit des lettres de nobleffe à qui en vouloit, pour deux mille écus, & enfuite on taxa à vingt francs la permiffion d'avoir un cachet.

Dans la guerre de 1701, l'épuifement parut extrême. Mr. *Desmarets* fut un jour reduit à prendre cent mille francs, qui étoient en dépôt chez les *Chartreux*, & à mettre à la place des billets de monnoye dans un befoin preffant de l'Etat. Si on avoit commencé par établir l'impôt du dixième, impôt égal pour tout le monde par fa proportion (ce qu'on ne fit qu'en 1710.) le Roi eût eu plus de reffources; mais au lieu de prendre cette voye, on ne fe fervit que des traitans, qui s'enrichirent en ruinant le peuple. L'Etat ne manquoit point d'argent, mais le difcrédit le tenoit caché. Il a bien paru en dernier lieu dans la guerre de 1741, combien la France a de reffources. Non feulement il n'y a pas eu un moment de difcrédit, mais on ne l'a jamais craint. Rien ne prouve mieux que la France bien adminiftrée eft le plus puiffant Empire de l'Europe.

ÉLOGE
DE
S. A. R. Madame la Margrave de Bareith.

L'Augufte famille de Madame la Margrave de *Bareith* a ordonné expreffément qu'on publiât ce foible éloge d'une Princeffe qui en méritoit un plus beau; je l'expofe au public, c'eft-à-dire, au très petit nombre des amateurs de la Poëfie, & des véritables connoiffeurs, qui favent que cet Art eft encore plus difficile qu'infructueux ; ils pardonneront la langueur de cet ouvrage à celle de mon âge & de mes talens. Mon cœur qui m'a toûjours conduit, m'a fait repandre plus de larmes que de fleurs fur la tombe de cette Princeffe, la reconnoiffance eft le premier des devoirs, je ne m'en fuis écarté avec perfonne. Son Alteffe Royale n'avoit ceffé en aucun tems de m'honorer de fa bienveillance & de fon commerce; elle envoya fon portrait à ma nièce & à moi quinze jours avant fa mort, lorfqu'elle ne pouvoit plus écrire. Jamais une fi belle ame ne fçut mieux faire les chofes décentes & nobles, & réparer les défagréables. Sujets étrangers, amis & ennemis, tous lui ont rendu juftice. Tous honorent fa mémoire; pour moi, fi je n'ai pas vécu auprès d'elle, c'eft que la liberté eft un bien qu'on ne doit facrifier à perfonne, furtout dans la vieilleffe.

J'avoue donc hautement ce petit ouvrage, & je déclare en même tems (non pas à l'univers à qui le Père *Caftel* s'adreffoit toûjours, mais à quelques gens de Lettres qui font la plus petite partie de l'univers) que je ne fuis l'Auteur d'aucun des ouvrages que l'ignorance & la mauvaife foi m'attribuent depuis fi longtems.

 Un jeune homme connu dans fon pays par fon efprit & par fes talens, fit imprimer l'année paffée une Ode fur les victoires du Roi de Pruffe, & comme le nom de ce jeune étranger commence par un *V.* ainfi que le mien, cette Ode fut réimprimée à *Ratisbonne*, à *Nuremberg* fous mon nom, on la traduifit à *Londres*, on m'en fit honneur partout; c'eft un honneur qu'affûrement je ne mérite pas. Chaque Auteur a fon ftile, celui de cette Ode n'eft pas le mien; mais ce qui eft encore plus contraitraire à mon état, à mon devoir, à ma place, à mon caractère, c'eft que la pièce fort du profond refpect qu'on doit aux couronnes avec qui le Roi de Pruffe eft en guerre; il n'eft permis à perfonne de s'exprimer comme on fait dans cet écrit. On doit d'ailleurs avertir tous les Auteurs, que nous ne sommes plus dans un tems où l'usage permettoit à l'enthousiasme de la Poësie de louer un Prince aux dépends d'un autre. L'Ode sur la prise de *Namur*, dans laquelle *Boileau* raille très indiscretement le Roi d'Angleterre *Guillaume III.* ne réussiroit pas aujourd'hui ; & *la Motte* fut très blâmé de n'avoir pas rendu justice à l'immortel Prince *Eugéne* dans une Ode au Duc de *Vendôme*.

On ne peut trop louer trois fortes de personnes;

Les Dieux, sa Maîtresse & son Roi.

C'est la maxime d'*Esope* & de *la Fontaine:* mais il ne faut dire d'injures ni aux autres Dieux, ni aux autres Rois, ni aux autres femmes.

On m'a imputé encor je ne fais quel Poëme fur la Religion naturelle imprimé dans *Paris* avec le titre de *Berlin* par ces imprimeurs qui impriment tout; & publié auffi fous la premiere lettre de mon nom. Les brouillons & les délateurs ont beau faire, je n'ai jamais écrit ni en Vers ni en Profe fur la Religion naturelle ou révélée, mais je compofai dans le Palais d'un Roi, & fous fes yeux en 1751, un Poëme fur la loi naturelle, principe de toute Religion, fur cette loi primitive que Dieu a gravée dans nos cœurs, & qui nous enfeigne à frémir du mal que nous faifons à nos femblables : ouvrage très inférieur à fon fujet, mais dont tout homme doit chérir la morale pure, & dans lequel il doit refpecter le nom qui eft à la tête.

Que nous nous éloignons, tous tant que nous fommes, de cette loi naturelle & de la raifon qui en eft la fource! Je ne parle pas ici des guerres qui inondent de fang le monde entier depuis qu'il eft peuplé, je parle de nous autres gens paifibles qui l'inondons de nos mauvais écrits, de nos plattes difputes, & de nos fottes querelles, je parle de ces graves fous qui enfeignent que quatre & quatre font neuf, de nous qui fommes encore plus foux qu'eux, quand nous perdons notre tems à vouloir leur faire entendre que quatre & quatre font huit, & des maîtres-fous, qui pour nous mettre d'accord, décident que quatre & quatre font dix.

D'autres fous mourans de faim compofent tous les matins dans leur grenier une des cent mille feuilles qui s'impriment journellement dans notre Europe, croyant fermement avec Frère *Caſtel* que toute la terre a les yeux ſur eux, & ne ſe doutant pas que le ſoir, leurs belles productions périſſent à jamais tout comme les miennes.

Pendant que ces infatiguables araignées font partout leurs toiles, il y en a deux ou trois cens autres qui recueillent ſoigneuſement les fils qu'on a balayés, & qui en compoſent ce qu'on appelle des Journaux, de façon que depuis l'an 1666 nous avons environ dix mille Journaux aumoins, dans lesquels on a conſervé près de trois cens mille extraits de livres inconnus: & ce qui eſt fort à l'honneur de l'eſprit humain, c'eſt que tout cela ſe fait pour gagner dix écus, tandis que ces Meſſieurs auroient pû en gagner cent à labourer la terre.

Il faut excepter sans doute le Journal des Savans, uniquement dicté par l'amour des Lettres, & le judicieux *Bayle* l'éternel honneur de la raison humaine, & quelques-uns de ces sages imitateurs. J'excepte encore mes amis; mais je ne puis excepter Frère *Bertier*, principal Auteur du Journal de *Trévoux*, qui n'est point du tout mon ami.

Il faut savoir qu'il y a non seulement un Journal de *Trévoux*, mais encor un Dictionnaire de *Trévoux*. Par conséquent il y a eu un peu de jalousie de métier entre les ignorans qui ont fait pour de l'argent le Dictionnaire de *Trévoux*, & les Savans qui ont entrepris le Dictionnaire de l'Encyclopédie, je ne sais pourquoi. Outre ces terribles Savans, nous sommes une cinquantaine d'empoisonneurs, Lieutenants-Généraux des Armées du

Roi, Commandans d'Artillerie, Prélats, Magiſtrats, Profeſſeurs, Académiciens, de belles Dames mêmes, & moi cultivateur de la terre, & partiſans ſéditieux de la nouvelle charue, qui tous avons conſpiré contre l'Etat, en envoyant au Magazin encyclopédique d'énormes articles. Quelques-uns ſont remplis de longues déclamations qui n'apprenent rien, & beaucoup de nos méchans confrères ont manqué à la principale regle d'un Dictionnaire, qui eſt de ſe contenter d'une définition courte & juſte, d'un précepte clair & vrai, & de deux ou trois exemples utiles. Notre fureur de dire plus qu'il ne faut, a enflé le Dictionnaire, & en a fait un objet de papier & d'encre de plus de trois cens mille écus.

Auſſitôt les adverſes parties ont ſoulevé la ville & la Cour contre les entrepreneurs, on les a accablés des plus horribles injures. On a poussé la cruauté jusqu'à dire à *Versailles* qu'ils étoient des Philosophes. Qu'est-ce que des Philosophes, a dit une grande Dame? Un homme grave a répondu, Madame, ce sont des gens de sac & de corde, qui examinent dans quelques lignes d'un livre en vingt Volumes in folio, si les atomes sont insécables ou sécables, si on pense toûjours quand on dort, si l'ame est dans la glande pinéale ou dans le corps calleux, si l'ânesse de *Balaam* étoit animée par le diable, selon le sentiment du Révérend Père *Bougeant*, & autres choses semblables, capable de mettre le trouble dans les consciences timorées des tailleurs scrupuleux de *Paris*, & des pieuses revendeuses à la toilette, qui ne manqueront pas d'acheter ce livre & de le lire affiduement. On a fourni des mémoires par lesquels on démontre, que fi le venin n'eft pas expreffément dans les Tomes imprimés, il fe trouvera dans les articles des autres Tomes, qu'il en refultera infailliblement des féditions & la ruine du Royaume, & qu'enfin rien n'a jamais été plus dangereux dans un état que des Philofophes.

Pour dire le vrai, la cabale la plus acharnée a ofé accufer d'une cabale des hommes qui ne fe font jamais vûs, & qui, difperfés à une grande diftance les uns des autres, cultivent en paix la raifon & les Lettres.

Hélas! quel tems l'Auteur du Journal de *Trévoux*, & ceux de fon parti, prennent-ils pour accufer les Philofophes d'être dangereux dans un Etat! Quelques Philofophes auroient-ils donc trempé dans ces déteftables attentats, qui ont faifi d'horreur l'Europe étonnée ? auroient-ils eu part aux ouvrages innombrables de ces Théologiens d'enfer, qui ont mis plus d'une fois le couteau dans des mains parricides ? attirerent-ils autrefois les feux de la ligue & de la fronde ? Ont-ils . . . . . je m'arrête. Que le Gazetier de *Trévoux* ne force point les hommes éclairés à une récrimination jufte & terrible ; que fes fupérieurs mettent un frein à fon audace. J'eftime & j'aime plufieurs de fes confrères ; c'eft avec regret que je lui fais fentir fon imprudence, qui lui attire de dures vérités. Quel emploi pour un Prêtre, pour un Religieux de vendre tous les mois à un Libraire, un recueil de médifances & de jugemens téméraires !

Si le Journal de *Trévoux* excite le mépris & l'indignation, ce n'eft pas qu'on ait moins d'horreur pour fes adverfaires les Auteurs de la Gazette Eccléfiaftique, eux qui ont outragé fi fouvent le célèbre *Montesquieu*, & tant d'honnêtes gens ; eux qui dans leurs Libelles féditieux ont attaqué le Roi, l'Etat & l'Eglife, qui fabriquent cette Gazette fcandaleufe, comme les filoux exécutent leurs larcins, dans les ténèbres de la nuit, changeans continuellement de nom & de demeure, affociés à des receleurs, fuyans à tout moment la juftice, & pour comble d'horreur fe couvrant du manteau de la Religion, & pour comble de ridicule fe perfuadant, qu'ils rendent fervice.

 Ces deux partis, le Janféniste & le Molinifte, fi fameux longtems dans *Paris*, & fi dédaignés dans l'Europe; ces champions de la folie, que l'exemple des fages & les foins paternels du fouverain, n'ont pû reprimer; s'acharnent l'un contre l'autre, avec toute l'abfurdité de nos fiècles de barbarie, & tout le rafinement d'un tems également éclairé dans la vertu & dans le crime.

Qu'on me montre dans l'hiftoire du monde entier un Philofophe qui ait ainfi troublé la paix de fa patrie? en eft-il un feul depuis *Confucius* jufqu'à nos jours, qui ait éte coupable, je ne dis pas de cette rage de parti & de ces excès monftrueux, mais de la moindre cabale contre les puiffances, foit féculieres, foit ecléfiaftiques? Non, il n'y en eut jamais, & il n'y en aura point. Un Philofophe fait fon premier devoir d'aimer fon Prince & fa patrie; il eft attaché à fa Religion, fans s'élever outrageufement contre celle des autres peuples; il gémit de fes difputes infenfées & fatales qui ont couté autrefois tant de fang & qui excitent aujourd'hui tant de haines. Le fanatifme allume la difcorde, & le Philofophe l'éteint; il étudie en paix la nature, il paye gaiement les contributions néceffaires à l'Etat, il regarde fes maîtres comme les députés de Dieu fur la terre, & fes concitoyens comme fes frères; bon mari, bon père, bon maître; il cultive l'amitié; il fait que fi l'amitié eft un befoin des ames les plus belles; que c'eft un contract entre les cœurs, contract plus facré que s'il étoit écrit, & qui nous impofe les obligations les plus chères; il eft perfuadé que les méchans ne peuvent aimer.

Ainfi le Philofophe fidèle à tous fes devoirs fe repofe fur l'innocence de fa vie. S'il eft pauvre, il rend la pauvreté refpectable; s'il eft riche, il fait de ses richesses un usage utile à la société. S'il fait des fautes comme tous les hommes en font, il s'en repent & il se corrige ; s'il a écrit librement dans sa jeunesse comme *Platon*, il cultive la sagesse comme lui dans un âge avancé ; il meurt en pardonnant à ses ennemis, & en implorant la miséricorde de l'Etre suprême.

Qu'il soit du sentiment de *Leibnitz* sur les monades & sur les indiscernables, ou du sentiment de ses adversaires ; qu'il admette les idées innées avec *Descartes*, ou qu'il voie tout dans le verbe avec *Mallebranche* ; qu'il croye au plein, qu'il croye au vuide : ces innocentes spéculations exercent son esprit, & ne peuvent nuire en aucun tems à aucun homme ; mais plus il est éclairé, plus les esprits contentieux & absurdes redoutent son mépris. Et voilà la source secrette

& véritable de cette perſécution qu'on a fufcitée quelquefois aux plus pacifiques & aux plus eſtimables des mortels. Voilà pourquoi les factieux, les enthouſiaſtes, les fourbes, les pédans orgueilleux ont ſi ſouvent étourdi le public de leurs clameurs. Ils ont frappé à toutes les portes, ils ont pénétré chez les perſonnes les plus reſpectables, ils les ont ſéduites; ils ont animé la vertu même contre la vertu; & un ſage a été quelquefois tout étonné d'avoir perſécuté un ſage.

Quand l'Evêque Irlandois *Berkley* ſe fut trompé ſur le calcul différentiel, & que le célèbre *Jurin* eut confondu ſon erreur, *Berkley* écrivit que les Géometres n'étoient pas Chrétiens; quand *Descartes* eut trouvé de nouvelles preuves de l'exiſtence de Dieu, *Descartes* fut accuſé juridiquement d'Athéïſme; dès que ce même Philosophe eût adopté les idées innées, nos Théologiens l'anathématiserent, pour s'être écarté de l'opinion d'*Ariſtote* & de l'axiome de l'école : que rien n'est dans l'entendement qui n'ait été dans les sens.

Cinquante ans après la mode changea ; ils traiterent de Matérialistes ceux qui revinrent à l'ancienne opinion d'*Ariſtote* & de l'école.

A peine *Leibnitz* eut-il proposé son ſyſtême, rédigé depuis dans la Théodicée, que mille voix crierent qu'il introduiſoit le fanatisme, qu'il renverſoit la créance de la chûte de l'homme, qu'il détruiſoit les fondemens de la Religion chrétienne. D'autres Philoſophes ont-ils combattu le ſyſtême de *Leibnitz*, on leur a dit, vous inſultés la providence.

Lorſque Mylord *Shaftsbury* aſſura que l'homme étoit né avec l'inſtinct de la bienveillance pour fes femblables, on lui imputa de nier le péché originel : d'autres ont-ils écrit que l'homme eft né avec l'inftinct de l'amour-propre, on leur a reproché de détruire toute vertu.

Ainfi, quelque parti qu'ait pris un Philofophe, il a toûjours été en butte à la calomnie, fille de cette jaloufie fecrette, dont tant d'hommes font animés, & que perfonne n'avoüe; enfin, de quoi pourra-t-on s'étonner depuis que le Jéfuite *Hardouin* a traité d'Athées les *Pafcals*, les *Nicoles*, les *Arnauds* & les *Mallebranches?*

Qu'on faffe ici une reflexion. Les Romains, ce peuple le plus religieux de la terre, nos vainqueurs, nos maîtres & nos légiflateurs, ne connurent jamais la fureur abfurde qui nous dévore; il n'y a pas dans l'Hiftoire Romaine un feul exemple d'un

Citoyen Romain opprimé pour ses opinions, & nous, sortis à peine de la Barbarie, nous avons commencé à nous acharner les uns contre les autres, dès que nous avons appris, je ne dis pas à penser, mais à balbutier les pensées des anciens. Enfin depuis les combats des Réalistes & des Nominaux, depuis *Ramus* assassiné par les écoliers de l'université de *Paris* pour venger *Aristote*, jusqu'à *Galilée* emprisonné, & jusqu'à *Descartes* banni d'une ville Batave, il y a de quoi gémir sur les hommes, & de quoi déterminer à les fuïr.

Ces coups ne paroissent d'abord tomber que sur un petit nombre de sages obscurs, dédaignés, ou écrasés pendant leur vie, par ceux qui ont acheté des dignités à prix d'or ou à prix d'honneur. Mais il est trop certain que si vous rétrécissez le génie, vous abatardiffez bientôt une Nation entiere. Qu'étoit l'Angleterre avant la Reine *Elifabeth*, dans le tems qu'on employoit l'autorité fur la prononciation de l'Epfilon ? L'Angleterre étoit alors la dernière des Nations policées en fait d'Arts utiles & agréables, fans aucun bon livre, fans manufactures, négligeant jufqu'à l'agriculture, & très foible même dans fa marine : mais dès qu'on laiffa un libre effor au génie, les Anglois eurent des *Spencer*, des *Shakespear*, des *Bacons*, & enfin des *Lockes* & des *Newtons*.

On fait que tous les Arts font frères, & que chacun d'eux en éclaire un autre, & qu'il en réfulte une lumiere univerfelle. C'eft par ces mutuels fecours que le génie de l'invention s'eft communiqué de proche en proche; c'eft par là qu'enfin la Philofophie a fécouru la politique, en donnant de nouvelles vues pour les manufactures, pour les finances, pour la conftruction des vaiffeaux. C'eft par-là que les Anglois font parvenus à mieux cultiver la terre qu'aucune Nation, & à s'enrichir par la fcience de l'Agriculture comme par celle de la Marine; le même génie entreprenant & perfévérant, qui leur fait fabriquer des draps plus forts que les nôtres, leur faire écrire auffi des livres de Philofophie plus profonds. La Dévife du célèbre Miniftre d'Etat *Walpole*, *fari quæ fentiat*, eft la Dévife des Philofophes Anglois. Ils marchent plus ferme & plus loin que nous dans la même carrière; ils creufent à cent pieds le fol que nous effleurons. Il y a tel livre françois qui nous étonne par fa hardieffe, & qui paroîtroit écrit avec timidité, s'il étoit confronté avec ce que vingt Auteurs anglois ont dit fur le même fujet.

Pourquoi l'Italie, la mère des Arts, de qui nous avons appris à lire, a-t-elle langui près de deux cens ans dans une décadence déplorable? c'eft qu'il n'a pas été permis jufqu'à nos jours à un Philofophe italien d'ofer regarder la vérité à travers fon télefcope, de dire, par exemple, que le foleil eft au centre de notre monde, & que le bled ne pourrit point dans la terre pour y germer. Les Italiens ont dégénéré jufqu'au tems de *Muratori*, & de fes illuftres contemporains. Ces peuples ingénieux ont craint de penfer; les François n'ont ofé penfer qu'à demi, & les Anglois qui ont volé jufqu'au ciel, parcequ'on ne leur a point coupé les ailes, font devenus les Précepteurs des Nations. Nous leur devons tout, depuis les loix primitives de la gra-

gravitation, depuis le calcul à l'infini, & la connoiffance précife de la lumiere fi vainement combattues, jufqu'à la nouvelle charue, & à l'infertion de la petite vérole, combattues encore.

Il faudroit favoir un peu mieux diftinguer le dangereux & l'utile, la licence & la fage liberté, abandonner l'école à fon ridicule, & refpecter la raifon. Il a été plus facile aux Erules, aux Vandales, aux Goths & aux Francs, d'empêcher la raifon de naître, qu'il ne le feroit aujourd'hui de lui ôter fa force quand elle eft née. Cette raifon épurée, foumife à la Religion & à la loi, éclaire enfin ceux qui abufent de l'une & de l'autre; elle pénetre lentement & fûrement; & au bout d'un demi fiècle une Nation eft furprife de ne plus reffembler à fes barbares ancêtres.

Tome V. L

Peuple nourri dans l'oifiveté &
& l'ignorance, peuple fi aifé à enflammer & fi difficile à inftruire, qui
courez, des farces du cimetière de
St. Médard aux farces de la foire,
qui vous paffionnez tantôt pour *Que-*
nel, & tantôt pour une Actrice de la
Comédie italienne, qui élevez une
ftatue en un jour, & le lendemain
la couvrez de boue; Peuple qui dan-
fez & chantez en murmurant; fachez que vous vous feriez égorgé
fur la tombe du Diacre ou Sous-Dia-
cre de *Paris*, & dans vingt autres
occafions auffi belles, fi les Philofophes n'avoient depuis vingt ans adouci un peu les mœurs en éclairant les
efprits par degrés; fachez que ce
font eux (& eux feuls) qui ont
éteint enfin les buchers, & détruit
les échafauts où l'on immoloit autrefois & le Prêtre *Jean Hus*, & le

Moine *Savanarole*, & le Chancelier *Thomas Morus*, & le Conseiller *Aune du Bourg*, & le Médecin *Michel Servet*, & l'Avocat-Général de Hollande *Barneveldt*, & tant d'autres, dont les noms seuls feroient un immense Volume: régistre sanglant de la plus infernale superstition, & de la plus abominable démence.

P. S. Sur une Lettre reçue du Roi de Prusse, je suis en droit de réfuter ici quelques mensonges imprimés; j'en choisirai trois dans la foule. La premiere erreur est celle d'un homme, qui malheureusement a employé tout son esprit & toutes ses lumieres à pallier dans un livre plein de recherches savantes, les suites de la revocation de l'Édit de *Nantes*; les suites plus funestes que ne vouloit un Monarque sage; il a voulu encore (qui le croiroit!) diminuer, excuſer les horreurs de la *Saint Bar-thelemy*, que l'enfer ne pourroit approuver, s'il s'aſſembloit pour juger les hommes.

Cet Ecrivain avance dans ſon livre, que les Mémoires de *Brandebourg* n'ont pas été écrits par le Roi de Pruſſe. Je ſuis obligé de dire à la face de l'Europe, ſans crainte d'être démenti par perſonne, que ce Monarque ſeul a été l'Hiſtorien de ſes Etats. L'honneur qu'on veut me faire, d'avoir part à ſon ouvrage, ne m'eſt point dû; je n'ai ſervi qu'à lui applanir les difficultés de notre langue, dans un tems où je la parlois mieux qu'aujourd'hui, parceque les inſtructions des Académiciens mes confrères étoient plus fraiches dans ma mémoire, je n'ai été que ſon Grammairien; s'il m'arracha à ma patrie, à ma famille, à mes amis, à mes emplois, à ma fortune, fi je lui facrifiai tout, j'en fus récompenfé en étant le confident de fes ouvrages ; & quant à l'honneur qu'il daigna me faire, de me demander à mon Roi, pour être au nombre de fes Chambellans, ceux qui me l'ont reproché ne favent pas que cette dignité étoit néceffaire à un étranger dans fa Cour.

Le même Auteur accufe d'infidélité les Mémoires de *Brandebourg*, fur ce que l'illuftre Auteur dit que le Roi fon grand-père recueillit vingt mille François dans fes Etats, rien n'eft plus vrai. Le Critique ignore que celui qui a fait l'Hiftoire de fa patrie, connoît le nombre de fes fujets, comme celui de fes foldats.

A qui doit-on croire, ou à celui qui écrit au hazard qu'il n'y eût pas dix mille François réfugiés dans les

Provinces de la maifon de Pruffe, ou au Souverain qui a dans fes archives la lifte des vingt-mille perfonnes auxquelles on donna des fecours, & qui les mériterent fi bien, en apportant chez lui tant d'Arts utiles.

Ce Critique ajoute qu'il n'y a pas eu cinquante familles françoifes réfugiées à *Genève*. Je connois cette ville floriffante, voifine de mes terres; je certifie, fur le rapport unanime de tous fes concitoyens que j'ai eu l'honneur de voir à ma campagne Magiftrats, Profeffeurs, Négocians, qu'il y a eu beaucoup au delà de mille familles françoifes dans *Genève;* & de ces familles à qui l'Auteur reproche leur mifere vagabonde, j'en connois plufieurs qui ont acquis de très grandes richeffes par des travaux honorables.

La pluspart des calculs de cet Auteur ne font pas moins erronés. Celui qui a eu le malheur d'être l'Apologiste de la *St. Barthelemy*, celui qui a été forcé de falfifier toute l'Histoire ancienne pour établir la perfécution, celui-là, dis-je méritoit-il de trouver la vérité ?

S'il y a eu parmi les Catholiques un homme capable de préconifer les maffacres de le *St. Barthelemy*, nous venons de voir dans le parti oppofé un Ecrivain anonyme, qui avec beaucoup moins d'efprit & de connoiffances, & moins d'inhumanité, a effayé de juftifier les meurtres que fon parti commettoit autrefois, lorfque des fanatiques errans immoloient d'autres fanatiques qui ne rêvoient pas de la même manière qu'eux.

Quel eft le plus condamnable, ou d'un fiècle ignorant & barbare, dans lequel on commettoit de telles cruautés, ou d'un fiècle éclairé & poli dans lequel on les approuve.

C'eft ainfi que des ennemis de l'humanité écrivent fur plus d'une matière depuis quelques années : & ce font ces livres qu'on tolere ! Il femble que des démons ayent confpirés pour étouffer en nous toute pitié, & pour nous ravir la paix dans tous les genres, & dans toutes les conditions.

Ce n'eft pas affez que le fléau de la guerre, enfanglante & bouleverfe une partie de l'Europe, & que fes fecours fe faffent fentir aux extrémités de l'Afie & de l'Amérique : il faut encore que le repos des villes foit continuellement troublé par des miférables qui veulent fe venger de leur obfcurité, en fe déchaînant contre toute efpèce de mérite. Ces taupes qui foulevent un pied de terre dans leurs trous, tandis que les Puiſſances du ſiècle ébranlent le monde, ne ſont pas éclairées par la lumiere qu'on leur préſente ici, mais on ſe croira trop heureux ſi ce peu de vérités peut germer dans l'eſprit de ceux qui étant appellés aux emplois publics doivent aimer la modération, & avoir le fanatiſme en horreur.

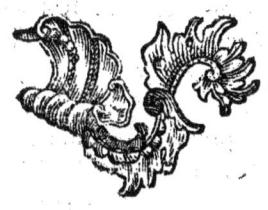

*Des ufages méprifables ne fuppofent pas
toûjours une Nation méprifable.*

✤✤✤✤✤

FRAGMENT.

Il y a des cas où il ne faut pas juger d'une Nation par les ufages & par les fuperftitions populaires. Je fuppofe que *Céfar* après avoir conquis l'Egypte, voulant faire fleurir le commerce dans l'Empire Romain, eut envoyé une ambaffade à la Chine par le Port d'*Arfinoë*, par la Mer rouge, & par l'Océan indien. L'Empereur *Yventi*, premier du nom, regnoit alors; les annales de la Chine nous le repréfentent comme un Prince très fage & très favant. Après avoir reçu les Ambaffadeurs de *Céfar* avec toute la politeffe chinoife il s'informe fecretement par fes interprêtes, des usages, des sciences & de la religion de ce Peuple Romain, aussi célèbre dans l'Occident, que le Peuple Chinois l'est dans l'Orient: il apprend d'abord que les Pontifes de ce Peuple ont reglés leurs années d'une maniere si absurde, que le soleil est déja entré dans les signes célestes du printems, lorsque les Romains célèbrent les premieres fêtes de l'hyver.

Il apprend que cette Nation entretient à grands frais un Collège de Prêtres, qui savent au juste le tems où il faut s'embarquer, & où l'on doit donner bataille, par l'inspection du foye d'un bœuf, ou par la maniere dont les poulets mangent de l'orge. Cette science sacrée fut apportée autrefois aux Romains par un petit Dieu nommé *Tagés*, qui sortit de terre en Toscane. Ces Peuples adorent un Dieu suprême & unique, qu'ils appellent toûjours Dieu très grand & très bon; cependant ils ont bâti un temple à une Courtisane nommée *Flora* & les bonnes femmes de *Rome* ont presque toutes chez elles de petits Dieux pénates hauts de quatre ou cinq pouces. Une de ces petites Divinités est la Déesse des tetons, l'autre celle des fesses. Il y a une pénate qu'on appelle le Dieu *Pet*. L'Empereur *Yventi* se met à rire: les Tribunaux de *Nanquin* pensent d'abord avec lui que les Ambassadeurs Romains sont des fous ou des imposteurs, qui ont pris le titre d'Envoyés de la République Romaine, mais comme l'Empereur est aussi juste que poli, il a des conversations particulieres avec les Ambassadeurs ; il apprend que les Pontifes Romains ont été très ignorans, mais que *Céfar* réforme actuellement le calendrier; on lui avoue que le Collège des Augures a été établi dans les premiers tems de la barbarie, qu'on a laiffé fubfifter cette inftitution ridicule, devenue chère à un Peuple longtems groffier, que tous les honnêtes gens fe moquent des augures, que *Céfar* ne les a jamais confultés, qu'au rapport d'un très grand homme, nommé *Caton*, jamais aucun augure n'a pû parler à fon camarade fans rire ; & qu'enfin *Ciceron*, le plus grand Orateur & le meilleur Philofophe de *Rome*, vient de faire contre les augures un petit ouvrage intitulé *De la Divination*, dans lequel il livre à un ridicule éternel tous les arufpices, toutes les prédictions & tous les fortilèges dont la terre eft infatuée. L'Empereur de la Chine a la curiofité de lire ce livre de *Ciceron*, les interprêtes le traduisent; il admire le livre & la République Romaine.

FRAGMENT
SUR
LA POPULATION.

Dans l'Histoire nouvelle de France on prétend qu'il y avoit huit millions de feux en France du tems de *Philippe de Valois*; or, on entend par feu une famille, & l'Auteur entend par le mot de France, ce Royaume tel qu'il est aujourd'hui avec ses annexes. Cela feroit, à quatre personnes par feu, trente deux millions d'habitans; car on ne peut donner à un feu moins de quatre personnes l'un portant l'autre.

Le calcul de ces feux est fondé sur un état de subside imposé en 1328. Cet Etat porte deux millions cinq cens mille feux dans les terres dépendantes de la couronne, qui n'é-

toient pas le tiers de ce que le Royaume renferme aujourd'hui. Il auroit
donc fallu ajouter deux tiers pour que
le calcul de l'Auteur fût juste. Ainsi,
suivant la supputation de l'Auteur, le
nombre des feux de la France, telle
qu'elle est, auroit monté à sept millions cinq cens mille. A quoi ajou-
tant probablement cinq cens mille
feux pour les Ecclésiastiques & pour
les personnes non comprises dans le
dénombrement, on trouveroit aisément les huit millions de feux, &
au delà.

L'Auteur réduit chaque feu à trois
personnes, mais par le calcul que j'ai
fait dans toutes les terres où j'ai été,
& dans celle que j'habite, je compte
quatre personnes & demie par feu.

Ainsi supposé que l'Etat de 1328
soit juste, il faudra nécessairement
conclure que la France, telle qu'elle
est

est aujourd'hui, contenoit du tems de *Philippe de Valois* trente six millions d'habitans.

Or, dans le dernier dénombrement fait en 1753, fur un relevé des tailles & autres impofitions, on ne trouve aujourd'hui que trois millions cinq cens cinquante mille quatre cens quatre-vingt-neuf feux: ce qui, à quatre & demi par feu ne donneroit que quinze millions neuf cens foixante & dix-fept mille deux cens habitans; à quoi il faudra ajouter fept cens mille ames au moins que l'on fuppofe être dans *Paris*, dont le dénombrement a été fait fuivant la capitation, & non pas fuivant le nombre des feux.

De quelque maniere qu'on s'y prenne, foit qu'on porte avec l'Auteur de la nouvelle Hiftoire de France les feux à trois, à quatre, à cinq perfonnes, il eft clair que le nombre des ha-

Tome *V*. M

bitans est diminué de plus de la moitié depuis *Philippe de Valois*.

Il y a aujourd'hui environ quatre cens ans que le dénombrement de *Philippe de Valois* fut fait; ainsi dans quatre cens ans, toutes chofes égales, le nombre des François feroit réduit au quart, & dans huit cens ans au huitième; ainsi dans huit cens ans la France n'aura qu'environ quatre millions d'habitans, & en fuivant cette progreffion, dans neuf mille deux cens ans il ne restera qu'une feule perfonne mâle ou femelle avec fraction. Les autres Nations ne feront fans doute pas mieux traitées que nous, & il faut efpérer qu'alors viendra la fin du monde.

Tout ce que je puis dire pour confoler le genre humain, c'eft que dans deux terres que je dois bien connoître, inféodées du tems de *Charles V*.

j'ai trouvé la moitié plus de feux qu'il n'en eſt marqué dans l'acte d'inféodation, & cependant il s'eſt fait une émigration conſidérable dans ces terres à la revocation de l'Edit de *Nantes.*

Le genre humain ne diminue ni n'augmente, comme on le croit, il eſt très probable qu'on ſe méprenoit beaucoup du tems de *Philippe de Valois*, quand on comptoit deux millions cinq cens mille feux dans ſes Domaines.

Au reſte j'ai toûjours penſé que la France renferme de nos jours environ vingt millions d'habitans, & je les ai comptés à cinq par feu l'un portant l'autre. Je me trouve d'abord dans ce calcul avec l'Auteur de la *Dixme*, attribuée au Maréchal de *Vauban*, & ſurtout avec le détail des Provinces donné par les Intendans à la fin du dernier ſiècle. Si je me trompe, ce n'eſt que d'environ quatre millions, & c'eſt une bagatelle pour les Auteurs.

Hübner dans ſa Géographie ne donne à l'Europe que trente millions d'habitans; il peut s'être trompé aiſément d'environ cent millions. Un Calculateur, d'ailleurs exact, aſſûre que la Chine ne poſſede que ſoixante & douze millions d'habitans, mais par le dernier dénombrement rapporté par le Père *du Halde*, on compte ces ſoixante & douze millions, ſans y comprendre les vieillards, les femmes, les jeunes gens au deſſous de vingt ans, ce qui doit aller à plus du double.

Il faut avouer que d'ordinaire nous peuplons & dépeuplons la terre un peu au hazard, tout le monde ſe conduit ainſi; nous ne ſommes guéres faits pour avoir une notion exacte des choses; l'à peu près est notre guide, & souvent ce guide égare beaucoup.

C'est encore bien pis quand on veut avoir un calcul juste. Nous allons voir des farces & nous y rions; mais rit-on moins dans son cabinet, quand on voit de graves Auteurs supputer exactement combien il y avoit d'hommes sur la terre 285 ans après le déluge universel? Il se trouve selon le Frère *Pétau*, Jésuite, que la famille de *Noé* avoit produit un milliard, deux cens vingt-quatre millions, sept cens dix-sept mille habitans en trois cens ans. Le bon Prêtre *Pétau* ne savoit pas ce que c'est que de faire des enfans & de les élever; comme il y va!

Selon *Comberland*, la famille ne provigna que jusqu'à trois milliards, trois cens trente millions, en trois cens quarante ans; & felon *Whils-ston*, environ trois cens ans après le déluge, il n'y avoit que foixante cinq mille cinq cens trente-fix habitans.

Il eft difficile d'accorder ces comptes, & de les allouer. Voilà les excès où l'on tombe quand on veut concilier ce qui eft inconciliable, & expliquer ce qui eft inexplicable. Cette malheureufe entreprife a dérangé des cerveaux, qui d'ailleurs auroient eu des lumieres utiles aux hommes.

Les Auteurs de l'Hiftoire univerfelle d'Angleterre difent: ,, qu'on eft ,, généralement d'accord qu'il y a à ,, préfent environ quatre mille mil- ,, lions d'habitans fur la terre. ,, Vous remarquerez que ces Meffieurs, dans ce nombre de citoyens & de citoyennes, ne comptent pas l'Amérique, qui comprend près de la moitié du Globe: ils ajoutent que le genre humain en quatre cens ans augmente toûjours du double, ce qui eſt bien contraire au relevé fait ſous *Philippe de Valois*, qui fait diminuer la Nation de moitié en quatre cens ans.

Pour moi, ſi au lieu de faire un Roman ordinaire, je voulois me réjouïr à ſupputer combien j'ai de frères ſur ce malheureux petit Globe, voici comme je m'y prendrois. Je verrois d'abord à peu près combien ce Globule contient de lieues quarrées, habitées ſur la ſurface; je dirois, la ſurface du Globe eſt de vingt-ſept millions de lieues quarrées; ôtons en d'abord les deux tiers au moins pour les mers, rivières, lacs, déſerts, montagnes, & tout ce qui eſt inhabité: ce calcul eſt très modéré, & nous donne neuf millions de lieues quarrées à faire valoir.

La France & l'Allemagne comptent six cens personnes par lieue quarrée, l'Espagne cent soixante, la Russie quinze, la Tartarie dix, la Chine environ mille; prenez un nombre moyen comme cent, vous aurez neuf cens millions de vos frères, soit basanés, soit négres, soit rouges, soit jaunes, soit barbus, soit imberbes. Il n'est pas à croire que la terre ait en effet un si grand nombre d'habitans : & si l'on continue à faire des Enuques, à multiplier les Moines, & à faire des guerres pour les plus petits intérêts, jugez si vous aurez les quatre mille millions, que les Auteurs anglois de l'Histoire universelle vous donnent si libéralement, & puis, qu'importe qu'il y ait beaucoup ou peu d'hommes sur la terre ? l'essentiel est que cette pauvre espèce soit la moins malheureuse qu'il est possible.

Au

DOCTEUR JEAN JACQUES
PANSOPHE

C'est-à-dire

A Mr. J. J. ROUSSEAU.

Quoique vous en disiez, Docteur Pansophe, je ne suis certainement pas la cause de vos malheurs; j'en suis affligé, & vos livres ne méritent pas de faire tant de scandale & tant de bruit: mais cependant ne devenez pas calomniateur, ce seroit là le plus grand mal. J'ai lû dans le dernier ouvrage que vous avez mis en lumiere, une belle prosopopée, où vous faites entendre, en plaisantant mal à propos, que je ne crois pas en Dieu. Le reproche est aussi étonnant que votre génie. Le Jésuite *Garasse*, le Jésuite *Hardouin* & d'autres menteurs publics trouvoient partout des Athées, mais le Jéfuite *Garaffe*, le Jéfuite *Hardouin* ne font pas bons à imiter. Docteur *Panfophe*, je ne fuis Athée ni dans mon cœur ni dans mes livres, les honnêtes gens qui nous connoiffent l'un & l'autre difent en voyant votre article : Hélas! le Docteur *Panfophe* eft méchant comme les autres hommes; c'eft bien dommage.

Judicieux admirateur de la bêtife & de la brutalité des fauvages, vous avez crié contre les fciences, & cultivé les fciences. Vous avez traité les Auteurs & les Philofophes de Charlatans; & pour prouver d'exemple, vous avez été Auteur. Vous avez écrit contre la Comédie avec la dévotion d'un Capucin, & vous avez fait de méchantes Comédies. Vous avez regardé comme une chose abominable qu'un Satrape où un Duc eût du superflu, & vous avez copié de la musique pour des Satrapes ou des Ducs qui vous payoient avec ce superflu. Vous avez barbouillé un Roman ennuyeux, où un Pedagogue suborne honnêtement sa pupille, en lui enseignant la vertu; & la fille modeste couche honnêtement avec le Pedagogue, & elle souhaite de tout son cœur qu'il lui fasse un enfant; & elle parle toûjours de sagesse avec son doux ami; & elle devient femme, mère & la plus tendre amie d'un époux qu'elle n'aime pourtant pas; & elle vit & meurt en raisonnant, mais sans vouloir prier Dieu. Docteur *Pansophe*, vous vous êtes fait le Précepteur d'un certain *Emile*, que vous formez insensiblement par des moyens impraticables; & pour faire un bon chrétien, vous détruifez la Religion chrêtienne. Vous profeſſez partout un fincere attachement à la révélation, en prêchant le Déïſme; ce qui n'empêche pas que chez vous les Déïſtes & les Philofophes conféquens ne foient des Athées. J'admire, comme je le dois, tant de candeur & de jufteſſe d'efprit, mais permettez-moi de grace de croire en Dieu. Vous pouvez être un Sophiſte, un mauvais raifonneur, & par conféquent un Ecrivain pour le moins inutile, fans que je fois un Athée. L'Etre fouverain nous jugera tous deux, attendons humblement fon arrêt. Il me femble que j'ai fait de mon mieux pour foutenir la caufe de Dieu & de la vertu, mais avec moins de bile & d'emportement que vous. Ne craignez-vous pas que vos inutiles calomnies contre les Philofophes & contre moi, ne vous rendent défagréable aux yeux de l'Etre suprême; comme vous l'êtes déja aux yeux des hommes?

Vos lettres de la montagne font pleines de fiel, cela n'eſt pas bien, *Jean Jacques*, ſi votre patrie vous a proſcrit injuſtement, il ne faut pas la maudire ni la troubler. Vous avez certes raiſon de dire que vous n'êtes point Philoſophe. Le ſage Philoſophe *Socrate* but la ciguë en ſilence: il ne fit pas de Libelles contre l'Aréopage ni même contre le Prêtre *Anitus*, ſon ennemi déclaré; ſa bouche vertueuſe ne ſe ſouilla pas par des imprécations; il mourut avec toute ſa gloire & ſa patience; mais vous n'êtes pas un *Socrate* ni un Philoſophe.

Docteur *Panſophe*, permettez qu'on vous donne ici trois leçons, que la Philoſophie vous auroit appriſes: une leçon de bonne foi, une leçon de bon fens, & une leçon de modeftie.

Pourquoi dites-vous que le bon-homme fi mal nommé *Grégoire le Grand*, quoiqu'il foit un Saint, étoit un Pape illuftre, parcequ'il étoit bête & intriguant? J'ai vû conftamment dans l'Hiftoire que la bêtife & l'ignorance n'ont jamais fait de bien, mais au contraire toûjours beaucoup de mal. *Grégoire* même bénit & loua les crimes de *Phocas*, qui avoit affaffiné & détrôné fon maître, l'infortuné *Maurice*. Il bénit & loua les crimes de *Brunehaut*, qui eft la honte de l'Hiftoire de France. Si les Arts & les Sciences n'ont pas abfolument rendu les hommes meilleurs, du moins ils font méchans avec plus de difcrétion, & quand ils font le mal, ils cherchent des prétextes, ils temporifent; ils fe contiennent; on peut les prévenir, & les grands crimes font rares. Il y a des fiécles que vous auriez été non feulement excommunié avec les chenilles, les fauterelles & les forciers, mais brûlé ou pendu, ainfi que quantité d'honnêtes gens qui cultivent aujourd'hui les Lettres en paix, & avouez que le tems préfent vaut mieux. C'eft à la Philofophie que vous devez votre falut, & vous l'affaffinez: mettez-vous à genoux, ingrat; & pleurez fur votre folie. Nous ne fommes plus efclaves de ces tyrans fpirituels & temporels qui défoloient l'Europe; la vie eft plus douce, les mœurs plus humaines, & les Etats plus tranquilles.

Vous parlez, Docteur *Panfophe*, de la vertu des fauvages: il me femble pourtant qu'ils font *magis extra vitia quam cum virtutibus*. Leur vertu eft négative, elle confifte à n'avoir ni bons cuisiniers, ni bons musiciens, ni beaux meubles, ni luxe, &c. &c.

La vertu, voyez vous, suppose des lumieres, des reflexions, de la Philosophie, quoique selon vous, tout homme qui reflêchit soit un animal dépravé; d'où il s'ensuivroit en bonne Logique que la vertu est impossible. Un ignorant, un sot complet n'est pas plus susceptible de vertu qu'un cheval ou qu'un singe, vous n'avez certes jamais un cheval vertueux, ni singe vertueux. Quoique maître aliboron tienne que votre Prose est une Prose brillante, le public se plaint que vous n'avez jamais fait un bon syllogisme. Ecoutez, Docteur *Pansophe*, la bonne *Xantippe* grondoit sans cesse & rigoureusement contre la Philosophie & la raison de *Socrate ;* mais la bonne *Xantippe* étoit une folle comme me tout le monde fait. Corrigez-vous.

Illuſtre *Panſophe!* la rage de blâmer vos contemporains vous fait louer à leurs dépens des ſauvages anciens & modernes ſur des choſes qui ne ſont point du tout louables.

Pourquoi, s'il vous plaît, faites vous dire à *Fabricius* que le ſeul talent digne de *Rome*, eſt de conquérir la terre; puiſque les conquêtes des Romains, & les conquêtes en général ſont des crimes, & que vous blâmez ſi fortement les crimes dans votre plan ridicule d'une paix perpétuelle? il n'y a certainement pas de vertu à conquérir la terre. Pourquoi, s'il vous plaît, faites vous dire à *Curius*, comme une maxime reſpectable qu'il aimoit mieux commander à ceux qui avoient de l'or, que d'avoir de l'or? C'eſt une choſe en elle même indifférente d'avoir de l'or, mais c'eſt un crime de vouloir, comme *Curius*, commander injuſtement à ceux qui en ont. Vous n'avez pas ſenti tout cela, Docteur *Panſophe*, parceque vous aimez mieux faire de bonne Proſe que de bons raiſonnemens. Repentez vous de cette mauvaiſe morale, & apprenez la Logique.

Mon ami *Jean Jacques*, ayez de la bonne foi. Vous attaquez ma Religion; dites moi, je vous prie, quelle eſt la vôtre? Vous vous donnez avec votre modeſtie ordinaire pour le reſtaurateur du chriſtianiſme en Europe, vous dites que la Religion décréditée en tout lieu avoit perdu ſon aſcendant juſque ſur le peuple, &c. Vous avez en effet décrié les miracles de *Jeſus*, comme l'Abbé de *P..* pour relever le crédit de la Religion.

Vous avez dit que l'on ne pouvoit s'empêcher de croire l'Évangile de *Jefus*, parcequ'il étoit incroyable: ainsi *Tertullien* disoit hardiment qu'il étoit sûr que le fils de Dieu étoit mort, parceque cela étoit impossible: *mortuus est Dei filius, hoc certum est quia impossibile:* ainsi par un raisonnement similaire, un Géométre pourroit dire qu'il est évident que les trois angles d'un triangle ne font pas égaux à deux droits, parcequ'il est évident qu'ils le font. Mon ami *Jean Jacques*, apprenez la Logique, & ne prenez pas, comme *Alcibiade*, les hommes pour autant de têtes de choux.

C'est sans contredit un fort grand malheur de ne pas croire à la Religion chrêtienne, qui est la seule vertueuse entre mille autres qui prétendent aussi l'être : toute fois celui qui a ce malheur peut & doit croire en

Dieu. Les fanatiques, les bonnes femmes, les enfans & le Docteur *Panſophe* ne mettent point de diſtinction entre l'Athée & le Déïſte. O *Jean Jacques!* vous avez tant promis à Dieu & à la vérité de ne pas mentir: pourquoi mentez-vous contre votre conſcience? Vous êtes, à ce que vous dites, le ſeul Auteur de votre ſiécle & de pluſieurs autres, qui ait écrit de bonne foi. Vous avez écrit ſans doute de bonne foi que la loi chrêtienne eſt, au fond, plus nuiſible qu'utile à la forte conſtitution d'un État; que les vrais Chrêtiens ſont faits pour être eſclaves, & ſont lâches; qu'il ne faut pas apprendre le Cathéchiſme aux enfans, parcequ'ils n'ont pas l'eſprit de croire en Dieu, &c. Demandez à tout le monde ſi ce n'eſt pas là le Déïſme tout pur, donc vous êtes Athée ou Chrêtien comme les Déïstes, ainſi qu'il vous plaira, car vous êtes un homme inexplicable. Mais encore une fois apprenez la Logique, & ne vous faites plus brûler mal-à-propos. Reſpectez, comme vous le devez les honnêtes gens, qui n'ont point du tout envie d'être Athées, ni mauvais Raiſonneurs, ni Calomniateurs. Si tout citoyen oiſif eſt un fripon, voyez quel titre mérite un citoyen fauſſaire, qui eſt arrogant avec tout le monde, & qui veut être poſſeſſeur excluſif de toute la Religion, la vertu & la raiſon qu'il y a en Europe. *Væ miſero! lilia nigra videntur pallentesque roſæ.* Soyez Chrétien, *Jean Jacques*, puiſque vous vous vantez de l'être à toute force, mais au nom du bon ſens & de la vérité, ne vous croyez pas le ſeul maître en Iſraël.

Docteur *Panfophe*, foyez modefte, s'il vous plaît, autre leçon importante. Pourquoi dire à l'Archevêque de *Paris* que vous êtes né avec le talent de l'humilité ni avec la juftefſe d'efprit. Pourquoi dire au public que vous avez refufé l'éducation d'un Prince, & avertir fierement tous ceux qu'il appartiendra, de ne pas vous faire dorénavant de pareilles propofitions? Je crois que cet avis au public eft plus vain qu'utile: quand même *Diogene*, une fois connu, diroit aux paffans, achetés votre maître, on le laifferoit dans fon tonneau avec tout fon orgueil & toute fa folie.

Pourquoi dire que la mauvaife profeffion de foi du Vicaire *Allobroge* eft le meilleur écrit qui ait paru dans ce fiécle? Vous mentez fierement, *Jean Jacques:* un bon écrit eft celui qui éclaire les hommes & les confirme dans le bien; & un mauvais écrit eft celui qui épaiffit le nuage, qui leur cache la vérité, qui les plonge dans de nouveaux doutes, & les laiffe fans principes. Pourquoi répéter continuellement avec une arrogance fans exemple, que vous bravez vos fots lecteurs & le fot public ? Le public n'eft pas fot: il brave à fon tour la démence qui vit & médit à fes dépens. Pourquoi, ô Docteur *Panfophe!* dites vous bonnement qu'un État fenfé auroit élevé des ftatues à l'Auteur d'*Emile*; c'eft que l'Auteur d'*Emile* eft comme un enfant qui, après avoir fouflé des boules de favon, ou fait des ronds en crachant dans un puits, fe regarde comme un Etre très-important. Au refte, Docteur, fi on ne vous a pas élevé de ftatues, on vous a gravé; tout le monde peut contempler votre vifage

& votre gloire au coin des rues. Il me semble que c'en est bien assez pour un homme qui ne veut pas être Philosophe, & qui en effet ne l'est pas. *Quam pulchrum est digito monstrari & dicier, hic est !* Pourquoi mon ami *Jean Jacques* vante-t-il à tout propos sa vertu, son mérite & ses talens ? C'est que l'orgueil de l'homme peut devenir aussi fort que la bosse des chameaux de l'Idumée, ou que la peau des onagres du désert. *Jesus* disoit qu'il étoit doux & humble de cœur : *Jean Jacques*, qui prétend être son écolier, mais un écolier mutin qui chicane souvent avec son maître, n'est ni doux ni humble de cœur. Mais ce ne sont pas là mes affaires. Il pourroit cependant apprendre que le vrai mérite ne consiste pas à être singulier, mais à être raisonnable. L'Allemand *Corneille*

Agrippa a aboyé longtems avant lui contre les sciences & les Savans, malgré cela il n'étoit point du tout un grand homme.

Docteur *Panſophe* on m'a dit que vous vouliez aller en Angleterre; c'eſt le pays des belles femmes & des bons Philoſophes. Ces belles femmes & ces bons Philoſophes feront peut-être curieux de vous voir, & vous vous ferez voir. Les Gazettiers tiendront un régiſtre exacte de tous vos faits & geſtes, & parleront du grand *Jean Jacques*, comme de l'Éléphant du Roi & du Zébre de la Reine; car les Anglois s'amuſent des productions rares de toute eſpece, quoiqu'il ſoit rare qu'ils eſtiment. On vous montrera au doigt à la Comédie, ſi vous y allez, & on dira, le voilà cet éminent génie, qui nous reproche de n'avoir pas un bon naturel, & qui dit que les fujets de Sa Majefté ne font pas libres! C'eft là ce Prophéte du Lac de *Géneve*, qui a prédit au Verfet 45 de fon Apocalypfe, nos malheurs & notre ruine, parceque nous fommes riches. On vous examinera avec furprife depuis les pieds jufqu'à la tête, en reflêchiffant fur la folie humaine. Les Angloifes qui font, vous dis-je très-belles, riront lorfqu'on leur dira que vous voulez que les femmes ne foient que des femmes, des femelles d'animaux, qu'elles s'occupent uniquement du foin de faire la cuifine pour leurs maris, de raccomoder leurs chemifes, & de leur donner, dans le fein d'une vigoureufe ignorance, du plaifir & des enfans. La belle & fpirituelle Ducheffe *D'a...r*, Myladis de... de... de... leveront les épaules, & les hommes vous ou-

blieront en admirant leur visage &
leur esprit. L'ingénieux Lord *W..e*,
le savant Lord *L...n*, les Philosophes Milord *C...d*, le Duc de *G..n*,
Sire *F...x*, Sire *C...d*, & tant
d'autres, jetteront peut-être un coup-
d'œil sur vous, & iront de-là travailler au bien public ou cultiver les Belles Lettres, loin du bruit & du peuple, sans être pour cela des animaux
dépravés. Voilà, mon ami *Jean Jacques*, ce que j'ai lû dans le grand livre du destin; mais vous en serez
quitte pour mépriser souverainement
les Anglois, comme vous avez méprisé les François, & votre mauvaise humeur les fera rire. Il y aura cependant un parti à prendre pour soutenir votre crédit, & vous faire peut-
être à la longue élever des statues :
ce seroit de fonder une Église de votre Religion, que personne ne com-

prend; mais ce n'eſt pas là une affaire. Au lieu de prouver votre miſſion par des miracles qui vous déplaiſent, ou par la raiſon que vous ne connoiſſez pas, vous en appellerez au ſentiment intérieur, à cette voix divine qui parle ſi haut dans le cœur des illuminés, & que perſonne n'entend. Vous deviendrez puiſſant en œuvres, & en paroles comme *George Fox*, le Rêverend *Witfield*, &c. ſans avoir à craindre l'animadverſion de la Police, car les Anglois ne puniſſent point ces folies-là. Après avoir prêché & exhorté vos diſciples, dans votre île apocalyptique, vous les menerez brouter l'herbe dans *Hyde-Park*, ou manger du gland dans la forêt de *Windſor*, en leur récommendant toutefois de ne pas ſe battre comme les autres ſauvages, pour une pomme ou une racine, parceque la

Police corrompue des Européens ne vous permet pas de fuivre votre fyftéme dans toute fon étendue.

Enfin lorfque vous aurez confommé ce grand ouvrage, & que vous fentirez les approches de la mort, vous vous trainerez à quatre pattes dans l'affemblée des bêtes, & vous leur tiendrez ô *Jean Jacques!* le langage fuivant:

„Au nom de la fainte vertu. Amen.
„ Comme ainfi foit, mes frères, que
„ j'ai travaillé fans relâche à vous ren-
„ dre fots & ignorans, je meurs avec
„ la confolation d'avoir réuffi, & de
„ n'avoir point jetté mes paroles en
„ l'air. Vous favés que j'ai établi des
„ cabarets, pour y noyer votre rai-
„ fon, mais point d'Académie pour
„ la cultiver, car encore une fois,
„ un yvrogne vaut mieux que tous
„ les Philofophes de l'Europe. N'ou-

„ bliés jamais mon Histoire du Ré-
„ giment de *Saint Gervais*, dont tous
„ les Officiers & les Soldats yvres
„ dansoient avec édification dans la
„ place publique de *Géneve*, com-
„ me un saint Roi Juif dansa autrefois
„ devant l'arche. Voilà les honnêtes
„ gens. Le vin & l'ignorance sont le
„ sommaire de toute la sagesse. Les
„ hommes sobres sont foux: les yvro-
„ gnes sont francs & vertueux. Mais
„ je crains ce qui peut arriver; c'est-
„ à-dire, que la Science, cette mère
„ de tous les crimes & de tous les
„ vices, ne se glisse parmi vous. L'en-
„ nemi rode autour de vous, il a la
„ subtilité du serpent & la force du
„ lion; il vous menace. Peut-être,
„ hélas! bientôt le luxe, les arts, la
„ philosophie, la bonne chère, les au-
„ teurs, les perruquiers, les Prêtres
„ & les marchandes de modes vous

,, empoifonneront & ruineront mon
,, ouvrage. O fainte vertu! détourne
,, tous ces maux. Mes petits enfans,
,, obftinés-vous dans votre ignoran-
,, ce & votre fimplicité; c'eft-à-dire,
,, foyés toûjours vertueux, car c'eft
,, la même chofe. Soyés attentifs à
,, mes paroles: que ceux qui ont des
,, oreilles entendent! les mondains
,, vous ont dit: Nos inftitutions font
,, bonnes; elles nous rendent heu-
,, reux: & moi je vous dis que leurs
,, inftitutions font abominables & les
,, rendent malheureux. Le vrai bon-
,, heur de l'homme eft de vivre feul,
,, manger des fruits fauvages, de dor-
,, mir fur la terre nue ou dans le creux
,, d'un arbre, & de ne jamais penfer.
,, Les mondains vous ont dit: Nous
,, ne fommes pas des bêtes féroces,
,, nous faifons du bien à nos fembla-
,, bles; nous puniffons les vices, &

„ nous nous aimons les uns les au-
„ tres : & moi je vous dis que tous
„ les Européens font des bêtes féro-
„ ces ou des fripons, que toute l'Eu-
„ rope ne fera bientôt qu'un affreux
„ défert, que les mondains ne font du
„ bien que pour faire du mal, qu'ils
„ fe haïffent tous & qu'ils récompen-
„ fent le vice. O fainte vertu ! les
„ mondains vous ont dit: Vous êtes
„ des foux ; l'homme eft fait pour
„ vivre en fociété & non pour man-
„ ger du gland dans les bois ; & moi
„ je vous dis que vous êtes les feuls
„ fages, & qu'ils font foux & mé-
„ chans: l'homme n'eft pas plus fait
„ pour la fociété, qui eft néceffaire-
„ ment l'école du crime, que pour
„ aller voler fur les grands chemins.
„ O mes petits enfans, reftés dans
„ les bois, c'eft la place de l'homme:
„ ô fainte vertu ! *Emile* mon premier
     „ difciple.

„ difciple, eft felon mon cœur; il me
„ fuccédera. Je lui ai appris à lire,
„ & à écrire, & à parler beaucoup,
„ c'en eft affez pour vous gouverner.
„ Il vous lira quelquefois la Bible,
„ l'excellente Hiftoire de *Robinfon*
„ *Crufoé*, & mes ouvrages; il n'y a
„ que cela de bon. La Religion que
„ je vous ai donnée eft fort fimple:
„ adorés un Dieu; mais ne parlés pas
„ de lui à vos enfans; attendés qu'ils
„ dévinent d'eux mêmes qu'il y en a
„ un. Fuyés les Médecins des ames
„ comme ceux des corps, ce font des
„ Charlatans : quand l'ame eft mala-
„ de, il n'y a point de guérifon à
„ efpérer parceque j'ai dit clairement
„ que le retour à la vertu eft impof-
„ fible : cependant les homilies élo-
„ quentes ne font pas inutiles; il eft
„ bon de défefpérer les méchans, &
„ de les faire fécher de honte ou de

„ douleur en leur montrant la beauté
„ de la vertu, qu'ils ne peuvent plus
„ aimer. J'ai cependant dit le contrai-
„ re dans d'autres endroits; mais ce-
„ la n'eſt rien. Mes petits enfans, je
„ vous répéte encore ma grande le-
„ çon: banniſſés d'entre vous la raiſon
„ & la Philoſophie, comme elles ſont
„ bannies de mes livres. Soyés ma-
„ chinalement vertueux; ne penſés
„ jamais, ou que très rarement; ap-
„ prochés-vous ſans ceſſe des bêtes,
„ qui eſt votre état naturel. A ces
„ cauſes je vous récommande la ſain-
„ te vertu. Adieu, mes petits enfans;
„ je meurs. Que Dieu vous ſoit en
„ aide! Amen. „

Docteur *Panſophe*, écoutez à préſent ma profeſſion de foi, vous l'avez rendu néceſſaire: la voici telle que je l'offrirai hardiment au public, qui eſt mon juge & le vôtre.

J'adore un Dieu créateur, intelligent, vengeur & rénumerateur, je l'aime & le fers le mieux que je puis dans les hommes mes femblables & fes enfans. O Dieu! qui vois mon cœur & ma raifon, pardonne moi mes offenfes, comme je pardonne celles de *Jean Jacques Panfophe*, & fais que je t'honore toûjours dans mes femblables.

Pour le refte je crois qu'il fait jour en plein midi, & que les aveugles ne s'en apperçoivent point. Sur ce Docteur *Panfophe*, je prie Dieu qu'il vous ait en fa fainte garde, & fuis philofophiquement votre ami & ferviteur.

V . . . .

Sur

L'ESSAI DE CRITIQUE

du

Prince de Machiavel.

※※※※※

Mr. de *Voltaire* a été Commentateur, mais peu de personnes savent qu'il ait été aussi l'Éditeur des ouvrages d'autrui. En 1740 il publia l'*Anti-Machiavel, ou Essai de Critique sur le Prince de Machiavel*. Voici la Préface qu'il composa alors.

„ Je crois rendre service aux hommes en publiant l'*Essai de Critique sur Machiavel*. L'illustre Auteur de cette refutation est une de ces grandes ames que le ciel forme rarement pour ramener le genre humain à la vertu par leurs exemples: il mit par écrit ces pensées, il y a quelques années, dans le seul deffein d'écrire des vérités que son cœur lui dictoit. Il étoit encore très jeune, il vouloit seulement se former à la sagesse, à la vertu; il comptoit ne donner des leçons qu'à soi-même, mais ces leçons qu'il s'eft données, méritent d'être celles de tous les Rois, & peuvent être la source du bonheur des hommes. Il me fit l'honneur de m'envoyer son manuscrit, je crus qu'il étoit de mon devoir de lui demander la permission de le publier. Le poison de *Machiavel* eft trop public, il falloit que l'antidote le fût aussi. On s'arrachoit à l'envi les copies manuscrites, il en couroit déja de très fautives, & l'ouvrage alloit paroître défiguré, si je n'avois eu le soin de fournir cette copie exacte, à laquelle j'espére que les Libraires à qui j'en ai fait présent se conformeront. On fera sans doute étonné quand j'apprendrai aux lecteurs, que celui qui écrit en françois d'un stile si noble, si énergique, & souvent si pur, est un jeune étranger, qui n'étoit jamais venu en France. On trouvera même qu'il s'exprime mieux qu'*Amelot de la Houssaye* que je fais imprimer à côté de la refutation. C'est une chose inouïe, je l'avoue, mais c'est ainsi que celui dont je publie l'ouvrage, a réussi dans toutes les choses auxquelles il s'est appliqué. Qu'il soit Anglois, Espagnol ou Italien, il n'importe; ce n'est pas de sa patrie, mais de son livre dont il s'agit ici. Je le crois mieux fait & mieux écrit que celui de *Machiavel*, & c'est un bonheur pour le genre humain qu'enfin la vertu ait été mieux ornée que le vice. Maître de ce précieux dépôt, j'ai laissé exprès quelques expressions qui ne sont pas françoises, mais qui méritent de l'être, & j'ose dire que ce livre peut à la fois perfectionner notre langue & nos mœurs. Au reste, j'avertis que tous les chapitres ne sont pas autant de refutations de *Machiavel*, parceque cet Italien ne prêche pas le crime dans tout son livre. Il y a quelques endroits de l'ouvrage que je présente, qui sont plûtôt des Reflexions sur *Machiavel* que contre *Machiavel*; voilà pourquoi j'ai donné au livre le titre d'*Essai de Critique sur Machiavel*. --- L'illustre Auteur ayant pleinement répondu à *Machiavel*, mon partage sera ici de répondre en peu de mots à la Préface d'*Amelot de la Houssaye*. --- Ce traducteur a voulu se donner pour un Politique, mais je puis assûrer que celui qui combat ici *Machiavel*, est véritablement ce qu'*Amelot* veut paroître. --- Ce qu'on peut dire peut-être de plus favorable pour *Amelot*, c'eſt qu'il traduiſit le *Prince de Machiavel*, & en ſoutint les maximes plûtôt dans l'intention de débiter ſon livre que dans celle de perſuader. Il parle beaucoup de raiſon d'Etat dans ſon Épître dédicatoire ; mais un homme, qui, ayant été Sécretaire d'Ambaſſade, n'a pas eu le ſécret de ſe tirer de la miſére, entend mal, à mon gré la raiſon d'État. --- Il veut juſtifier ſon Auteur par le témoignage de *Juſte-Lipſe*, qui avoit, dit-il, autant de piété & de Religion que de ſavoir & de politique. Surquoi je remarquerai 1º. que *Juſte-Lipſe* & tous les Savans dépoſeroient en vain en faveur d'une doctrine funeſte au genre humain; 2º. que la piété & la Religion, dont on ſe pare ici très mal-à-propos, enſeignent tout le contraire; 3º. que *Juſte-Lipſe*, né Catholique, devenu Luthérien, puis Calviniste, & enfin redevenu Catholique, ne passa jamais pour un homme religieux. Malgré ses très-mauvais Vers pour la Ste. Vierge; 4°. que son gros livre de politique est le plus méprisé de ses ouvrages, tout dédié qu'il est aux Empereurs, Rois & Princes; 5°. qu'il dit précisément le contraire de ce qu'*Amelot* lui fait dire. Plût à Dieu, dit *Juste-Lipse* page 9. de l'Édition de *Plantin* que *Machiavel* eut conduit son Prince au temple de la vertu & de l'honneur; mais en ne suivant que l'utile, il s'est trop écarté du chemin royal de l'honnête, **utinam principem suum recta duxisset ad templum virtutis & honoris**, &c. *Amelot* a supprimé exprès ces paroles. La mode de son tems étoit encore de citer mal-à-propos; mais altérer un passage aussi essentiel, ce n'est pas être pédant, ce n'eſt pas ſe tromper, c'eſt calomnier. Le grand homme dont je ſuis l'Éditeur, ne cite point; mais je me trompe fort, ou il ſera cité à jamais par tous ceux qui aimeront la raiſon & la juſtice. — *Amelot* s'efforce de prouver que *Machiavel* n'eſt point impie; il s'agit bien ici de piété! un homme donne au monde des leçons d'aſſaſſinat & d'empoiſonnement, & ſon traducteur oſe nous parler de ſa dévotion! — Les lecteurs ne prennent point ainſi le change. *Amelot* a beau dire que ſon Auteur a beaucoup loué les Cordeliers & les Jacobins, il n'eſt point ici queſtion de Moines, mais de Souverains, à qui l'Auteur veut enſeigner l'art d'être méchans, qu'on ne ſavoit que trop ſans lui. — D'ailleurs croiroit-on bien juſtifier *Mirivits*, *Cartouche*, *Jacques Clément* ou *Ravaillac*, en diſant qu'ils avoient de très-bons ſentimens ſur la

Religion ? & fe fervira-t-on toûjours de ce voile facré pour couvrir ce que le crime a de plus monftrueux ? *Céfar Borgia*, dit encore le traducteur, eft un bon modéle pour les Princes nouveaux, c'eft-à-dire pour les ufurpateurs ; mais premierement tout Prince nouveau n'eft point ufurpateur. Les *Medicis* étoient nouvellement Princes, & on ne pouvoit leur reprocher d'ufurpation. Secondement l'exemple de ce bâtard d'*Alexandre VI*. toûjours détefté & fouvent malheureux, eft un très-méchant modéle pour tout Prince. Enfin, *la Houffaye* prétend que *Machiavel* haïffoit la tyrannie ; fans doute tout homme la détefte, mais il eft bien lâche & bien affreux de la détefter & de l'enfeigner. --- Je n'en dirai pas davantage, il faut écouter le vertueux Auteur, dont je ne ferois qu'affoiblir les fentiment & les expreſſions. — N. B. Je ſouſſigné ai dépoſé le manuſcrit original entre les mains de Monſieur *Cirille le petit*, le deſſervant de l'Égliſe françoiſe à la *Haye*, lequel manuſcrit original eſt conforme en tout au livre intitulé *Eſſai de Critique ſur Machiavel;* toute autre Édition étant défectueuſe, & les Libraires devant ſuivre en tout la préſente copie.

F. de Voltaire.

A la Haye, ce 12 Octobre 1740.

A la fin du livre ſe trouve un avis de l'Editeur en ces termes. „Dans le tems qu'on finiſſoit cette Édition, il en a paru deux autres; l'une eſt intitulée de *Londres* chez *Jean Mayer;* l'autre à la *Haye* chez *van Duren*. Elles ſont très-différentes du manuſcrit original; ce qu'il eſt aiſé de reconnoître aux indications ſuivantes. — 1°. Dans ces

Éditions le titre eſt, *Anti-Machiavel, ou Examen du Prince* &c. & celui-ci eſt intitulé, *Anti-Machiavel ou Eſſai de Critique ſur le Prince de Machiavel.* --- 2°. Le premier Chapitre dans ces Éditions a pour titre, *combien il y a de ſortes de Principautés* &c. & ici le titre eſt, *des différens Gouvernemens.* Le ſecond Chapitre de ces Éditions eſt, *des Principautés héréditaires* & ici *des Etats héréditaires.* --- Il y a d'ailleurs des omiſſions conſidérables, des interpolations, des fautes en très grand nombre dans ces Éditions que j'indique; ainſi, lorſque les Libraires qui les ont faites, voudront réimprimer ce livre, je les prie de ſuivre en tout la préſente copie.

C'eſt une belle refutation de *Machiavel* que le livre du Roi de Pruſſe; mais on en pourra voir quelque jour une refutation encore plus belle. Ce

sera l'Histoire de la vie de ce Prince.
Etre son Historiographe sera un emploi aussi agréable que glorieux.

J'aime un livre dont la lecture me laisse une idée grande & aimable du caractere des sentimens, des mœurs de celui qui l'a composé. — J'aime un ouvrage sérieux qui ne soit point écrit trop sérieusement. Le sérieux de celui-ci n'a rien de triste, rien d'austére, rien de guindé. C'est le sérieux d'un Philosophe qui a la maturité d'un homme de cinquante ans avec la fleur de la jeunesse; & qui joint à un esprit orné, à un jugement solide, à un discernement peu commun, une imagination féconde & agréable, une sérénité riante (si j'ose ainsi dire) & quelquefois même enjouée, qui est peut-être un des caracteres essentiels d'une belle ame; surtout dans un âge comme celui de vingt ans à trente ans,

& dans un de ces hommes nés pour le trône, que la féduction du trône ne porte fouvent que trop à étouffer un enjouement qui, au gré de l'orgueil, marque trop d'humanité.

On pourroit appliquer à ce livre ce qu'a dit *la Bruyere*, p. m. 85, dans le chapitre des ouvrages d'efprit. Voici fes paroles: Quand une lecture vous élève l'efprit, & qu'elle vous infpire des fentimens nobles & courageux, ne cherchez pas une autre regle pour juger de l'ouvrage: il eft bon, & fait de main d'ouvrier. La Critique après cela peut s'exercer fur les petites chofes, rélever quelques expreffions, corriger des phrafes, parler de fyntaxe, épiloguer fur certaines penfées incidentes, & décider que l'Auteur pouvoit dire encore telle ou telle chofe, & que telle ou telle autre pouvoit être dite en autres termes.

Il y a tel Prince qui a écrit, mais moins en Prince qu'en Pédant: de façon qu'on y reconnoît moins un Auteur qui eſt Prince, qu'un Prince qui eſt Auteur. Celui qui a fait *l'Anti-Machiavel*, écrit véritablement en homme de qualité, & cela, ſans qu'on puiſſe lui reprocher de ſe donner certains petits airs de qualité, qui ne ſont au fond qu'une nouvelle eſpece de pédanterie, plus choquante peut-être, ou plus viſible que celle de l'école ou du cloître. Je me ſouviens d'un endroit où il inſinue quelque choſe touchant ſon illuſtre naiſſance: mais il le fait d'une maniere qui n'a rien que de très aimable, & qui ne ſente parfaitement ſon galant homme. Liſez ce qu'il dit aux pages 128, 129. Un homme élevé à l'Empire par ſon courage, n'a plus de parens; on ſonge à ſon pouvoir, & non à ſon extraction. *Puppien*

pien étoit fils d'un maréchal de village, *Probus* d'un jardinier, *Diocletien* d'un esclave, *Valentinien* d'un cordier; ils furent tous respectés. Le *Sforce* qui conquit *Milan*, étoit un paysan, *Cromwel* qui assujettit l'Angleterre & fit trembler l'Europe, étoit un simple citoyen; le grand *Mahomet*, fondateur de l'Empire le plus florissant de l'univers, avoit été un garçon marchand; *Samon* premier Roi d'Esclavonie, étoit un marchand françois; le fameux *Piart*, dont le nom est si révéré en Pologne, fut élû Roi, ayant encore aux pieds ses sabots, & il a vécu respecté jusqu'à cent ans. Que de Généraux d'Armée, que de Ministres & de Chanceliers roturiers! l'Europe en est pleine, & n'en est que plus heureuse, car ces places sont données au mérite; je ne dis pas cela pour mépriser le sang des *Witikinds*, des *Charlemagnes* & des *Otto-*

mans ; je dois au contraire par plus d'une raiſon aimer le ſang des Héros, mais j'aime encore plus le mérite. Il n'y a guéres qu'un des premiers Gentils-Hommes du monde qui puiſſe parler ſur ce ton-là.

IMPROMPTU

ſur l'Anti-Machiavel du Roi de Pruſſe, publié par Mr. de Voltaire.

Des Auteurs peu conſidérables

Ont eu d'illuſtres Editeurs:

Et les plus illuſtres Auteurs,

Des Editeurs très miſérables.

L'Editeur & l'Auteur ſont auſſi quelquefois

Deux ſots obſcurs qu'unit leur goût pour des ſornettes:

Mais ici nous voyons le Prince des Poëtes

Editeur du Prince des Rois.

In Anti-Machiavellum
Nuperrime typis mandatum,
Autore
Carolo Friderico Boruſſorum Rege,
Editore
Francifco Voltario.

Editor eſt celebris, ſed enim celeberrimus auctor,
Regibus & Populis dignus uterque legi:
Hicce Poetarum, Regum ille, facillime Princeps,
Eſt ſocio illuſtri dignus uterque ſuo.

Sur un Livre intitulé :
DE LA FÉLICITÉ PUBLIQUE. (*)

Après tant de futilités par souscription ou sans souscription, tant de piéces de Théatre, dont il faut rendre compte lorsqu'elles ne subsistent plus, tant de petites querelles littéraires qui n'intéressent que les disputans, dans cette foule d'ouvrages & d'affiches d'un mo-

---

(*) Lorsque ce Livre parut il ne fit point cette sensation qui annonce un grand succès. La voix de la raison est douce, & n'est pas entendue de la multitude. Quelques juges sages & désintéressés avertirent des deux mérites principaux de cet ouvrage, la sagesse des principes & la profondeur des recherches. Chaque lecteur en devint le partisan. Telle est la marche des livres utiles; ils ne précipitent pas les réputations, mais ils les portent insensiblement à un degré dont elles ne descendent jamais.

ment qui annoncent la connoiffance de la nature, la fcience du Gouvernement, les moyens faciles de payer fans argent les dettes de l'État, & les Drames qu'on doit jouer aux Marionnettes, à la fin nous avons un bon livre de plus.

On crut d'abord que le titre étoit une plaifanterie. Quelques lecteurs voyant que l'Auteur parloit férieufement, s'imaginerent que c'étoit un de ces politiques qui font le deftin du monde du haut de leurs galetas, & qui n'ayant pû gouverner une fervante, fe mettent à enfeigner les Rois à deux fous la feuille. Il s'eft trouvé que l'ouvrage étoit d'un Guerrier & d'un Philofophe qui réunit la grandeur d'ame des anciens Chevaliers fes ancêtres, & les vertus patriotiques du Chef de la Magiftrature dont il defcend. Nous ne le nommerons pas, puifqu'il ne s'eft pas voulu faire connoître.

Lorſque cette nouveauté étoit encore en très-peu de mains, on demanda à un Homme de Lettres, que penſez-vous de ce livre *de la Félicité publique?* il répondit, il fait la mienne. Nous pouvons en dire autant.

Cependant nous ne diſſimulons pas que l'eſprit des loix a plus de vogue dans l'Europe que la félicité publique, parceque *Montesquieu* eſt venu le premier; parcequ'il eſt plus plaiſant, parceque ſes Chapitres de ſix lignes qui contiennent une Épigramme ne fatiguent point le lecteur, parcequ'il effleure plus qu'il n'approfondit; parcequ'il eſt encore plus ſatyrique qu'il n'eſt législateur; & qu'ayant été peu favorable à certaines profeſſions lucratives, il a flatté la multitude.

Le livre de la Félicité publique eſt un tableau du genre humain. On examine dans quel fiécle, dans quel pays, fous quel Gouvernement il auroit été plus avantageux pour l'efpèce humaine d'exifter. On parle à la raifon, à l'imagination, au cœur de chaque homme. Aimeriez-vous mieux être né fous un *Conſtantin*, qui aſſaſſine toute fa famille, & fon propre fils, & fa femme, & qui prétend que Dieu lui a envoyé un labarum dans les nuées, avec une infcription grecque, fur le chemin de *Rome*? Aimeriez-vous mieux vivre fous un *Julien* qui écrira une Déclamation de Rhétorique contre vous? Serez-vous mieux fous *Théodoſe* qui vous invitera à la Comédie vous & tous les citoyens de votre ville, & qui vous fera tous égorger dès que vous aurés pris vos places? Les François ont-ils été plus malheureux après la bataille de *Montlhéry*, fous *Louis*

XI. qu'après la bataille d'*Hochſted*, ſous *Louis XIV.* L'Eſpagne qui n'eſt peuplée aujourd'hui que d'environ ſept millions d'hommes, en a-t-elle eu autrefois cinquante millions? en quelque grand ou petit nombre qu'ayent été les habitans de ces contrées, avoient-ils plus de commodités de la vie, plus d'arts, plus de connoiſſances? leur raiſon étoit-elle plus cultivée ſous la maiſon de *Bourbon* que ſous la maiſon de *Clotaire?* Quelles ont été les principales cauſes des malheurs épouvantables ſous lesquels le genre humain a preſque toûjours été écraſé? C'eſt là le probléme que l'Auteur eſſaye de réſoudre. Ce n'eſt point un faiſeur de ſyſtémes qui veut éblouir, ce n'eſt point un charlatan qui veut débiter ſa drogue; c'eſt un Gentil-homme inſtruit, qui s'exprime avec ardeur; c'eſt montagne avec de la méthode.

Sur un Livre intitulé:

HISTOIRE DES TEMS FABULEUX. (*)

On ne peut qu'applaudir au louable dessein de Mr. *Guerin du Rocher*. Personne ne paroît plus capable que lui de profiter des tentatives qu'on a faites depuis *Jules Afri-*

(*) Lorsqu'on lit cet ouvrage on admire la courageuse patience de celui qui a dû dévorer tant de livres mal faits, pour y puiser quelques lumieres sur l'Antiquité. On voit avec quelle crédule confiance, on donne pour des preuves, des conjectures éloignées, & pour des démonstrations, de fortes vraisemblances. On trouve combien peu il y a de différence entre le bon esprit qui fait douter & l'érudit qui a consacré ses veilles à l'étude. Tous deux sont à peu près à la même distance de la vérité. Cela n'est pas encourageant pour l'étude, mais cela est vrai.

cain, jufqu'à *Bochart* & à *Kennicot*, pour jetter quelque lumiere dans l'horrible chaos de l'Antiquité.

Si nous ofions faire quelques repréfentations au favant Auteur de cet ouvrage, nous commencerions par le prier de réformer fon titre, parceque les perfonnes moins inftruites que lui, pourront croire que la véritable Hiftoire des Fables eft précifément la véritable hiftoire des menfonges. Toute Fable eft menfonge en effet, excepté les Fables morales qui font les leçons allégoriques, telles que celles de *Lokman* & de *Pilpay*, fi connu dans notre Europe fous le nom d'*Efope*.

Quoiqu'il en foit, le favant Auteur dans fon Difcours préliminaire, intitulé *Plan de l'ouvrage*, nous avertit qu'un ancien Écrivain Juif, dont on n'a point les écrits, dit qu'avant les Rois de Perſe quelqu'un avoit traduit autrefois une petite partie de la Généſe. Il ne nous dit pas en quel tems & en quelle langue cette traduction fut faite. Il cite auſſi le Prophéte *Joël*, qui reproche aux Tyriens d'avoir volé quelques uſtenſiles ſacrés à *Jeruſalem*, & d'avoir fait eſclaves pluſieurs enfans de *Juda*, qu'ils ont emmenés en pays lointains.

Mr. *Guerin du Rocher* ſuppoſe que ces eſclaves ainſi tranſplantés, ont pû traduire la Généſe dans la langue des Peuples chez qui ils ont demeuré, & faire connoître *Moïſe* & ſes prodiges à ces étrangers; que ces étrangers ont pû apprendre par cœur les étonnantes actions de *Moïſe*, qu'ils ont pû enſuite les attribuer à leurs Héros, à leurs Demi-Dieux, qu'ils ont pû faire de *Moïſe* leur *Bachus*; de *Loth*, leur *Orphée;* d'*Edith*, femme de *Loth*, leur *Euridice*, qu'il y avoit un Roi nommé *Nanabus*, qui pourroit bien être *Noé*; qu'il y a surtout grande apparence que *Séfoſtris* n'eſt autre choſe que le *Joſeph* des Hébreux. Mais Mr. *Guerin* ayant prouvé que *Joſeph* a pû être *Jacob*, & il eſt auſſi très-poſſible que les Juifs aient enſeigné la terre entiere.

C'eſt ce qu'avoit déja fait le docte *Huet*, Évêque d'*Avranches*, dans ſa démonſtration évangélique, écrite en latin, & enrichie de Citations grecques, caldaïques, hébraïques, pour ſervir à l'éducation de Monſeigneur le Dauphin, fils de *Louis XIV*.

Huet fait voir dans ſon Chapitre IV. que *Moïſe* étoit un profond Géométre, un Aſtronome exact, l'inſtituteur de toutes les Sciences & de tous les Rites; qu'il eſt le même qu'*Orphée* & qu'*Amphion*. Que c'eſt lui qu'on a pris pour *Mercure*, pour *Sérapis*, pour *Minos*, pour *Adonis*, pour *Priape*.

Cette démonſtration du Prélat *Huet*, n'a pas paru bien claire aux hommes de bons ſens. Nous eſpérons que celle de Mr. *Guerin du Rocher* réuſſira davantage, quoiqu'il ne ſoit que ſimple Prêtre.

Il ne ſe contente pas de trois Volumes qu'il nous donne, il nous en promet encore neuf. C'eſt une grande générofité envers le public. Mr. *Guerin* devroit bien ſe contenter de nous avoir appris qu'*Orphée* & *Loth*, font la même choſe, & de nous l'avoir prouvé ; qu'*Orphée* étoit ſuivi par les animaux auſſi, que de plus, le mot d'*Orphée* en grec & en arabe, eſt le même que celui de *Loth*, car le mot *Araf*, ſelon la bibliothéque orientale, ſignifie les limbes entre le paradis & l'enfer: donc *Loth* & *Orphée* font évidemment le même perfonnage. On peut dire ce qu'on a dit en pareille occafion, c'eft puiffamment raifonner.

Toutes les pages du livre de Mr. *Guerin*, font dans ce goût. Nous exhortons tous ceux qui veulent fe former l'efprit & le cœur, comme on dit, à lire le paragraphe dans lequel ce favant Auteur démontre que le Phénix des Egyptiens, qui renaît de fes propres cendres, n'eft autre chofe que le Patriarche *Jofeph*, qui fait les obféques de fon père, le Patriarche *Jacob*. Mais nous exhortons auffi le favant Auteur à daigner traiter avec plus d'indulgence & de politeffe, ceux qui avant que fon livre parut, ont été d'un avis différent du fien, fur quelques points de la ténébreufe antiquité. Mr. *Guerin du Rocher*, étant Prêtre, devoit les inftruire plus charitablement. Il les appelle ignorans & facrilèges. Ces épithétes révoltent quelquefois les pécheurs, au lieu de les corriger. On caufe, fans le favoir, la perte d'une brébis égarée qu'on auroit pû ramener au bercail par la douceur.

Il y a déja dans les trois Volumes de Mr. *Guerin*, deux à trois mille articles de la force de ceux dont nous avons rendu compte. Que fera-ce quand nous aurons les douze Tomes? nous ne pouvons deviner comment ce ramas énorme de Fables expliquées fabuleufement, & ce chaos de chimères peuvent venger l'Hiftoire fainte. Mr. *Guerin du Rocher* fuppofe toûjours qu'il y a une confpiration contre l'Églife, & que c'eft à lui à venger l'Église. C'est ainsi que *Saint Sorlin des Marais* se disoit Envoyé de Dieu, pour être à la tête d'une Armée de trente mille hommes, contre les Jansénistes. Mais qui arme le bras vengeur de Mr. *Guerin du Rocher?* qui attaque de nos jours l'Église, & qui se plaint d'elle? Sommes-nous dans le tems que le Jésuite *le Tellier* remplissoit les prisons du Royaume, des partisans de la grace efficace? Sommes-nous dans ce siécle déplorable où des hommes indignes de leur saint Ministére, vendoient dans des cabarets la remission des péchés, & faisoient de l'autel un bureau de banque? où l'on s'égorgeoit d'un bout de l'Europe à l'autre, pour des argumens, & où l'on assassinoit en Amerique jusqu'à douze millions d'hommes innocens, pour leur enseigner la voye du salut? *altri tempi, pi, altre cure.* Nous avons un Chef de l'Églife digne à la fois d'être Souverain & Pontife. Nos Évêques françois donnent tous les jours des exemples de bienfaifance & de tolérance, tous les papiers publics en retentiffent; l'univers chrêtien eft en paix. Le favant *Guerin du Rocher*, Prêtre, veut-il troubler cette paix? Ce brave *Don Quichote* fe bat contre des moulins à vent. Nous fouhaitons à fon livre le fuccès de *Don Quichote*.

Nous prenons ici la liberté de lui dire, à lui & à ceux qui auroient le malheur d'être favans comme lui, que ce n'eft point être favant comme il faut, de compiler jufqu'au plus mortel dégoût, des paffages de *Bocard*, de *Calmet*, de *Huet*, & de cent anciens Auteurs pour n'en tirer aucun fruit; quel bien reviendra-t-il à la Société, d'apprendre que *Protée* pourroit bien être le Patriarche *Joseph*, tout aussi-bien que *Sésostris* est le Phénix ?

O quantum est in rebus inane!

POESIES
A
MADEMOISELLE DE M****.

M*** par l'amour adoptée
 Digne du cœur d'un demi Dieu,
Et pour dire encore plus digne d'être chantée
 Ou par Ferand ou par Chaulieu;
 Minerve & l'enfant de Cythére
Vous ornent à l'envi d'un charme féducteur;
Je vois briller en vous l'esprit de votre mère,
 Et la beauté de votre sœur.
 C'est beaucoup pour une mortelle,
Je n'en dirai pas plus, songez bien seulement,
A vivre s'il se peut heureuse autant que belle,
Libre des préjugés que la raison dément.
Aux plaisirs où le monde en foule vous appelle,
 Abandonnez-vous prudemment,
Vous aurez des amans, vous aimerez sans doute,
Je vous verrai soumise à la commune loi,
Des beautés de la Cour suivre l'aimable route
 Donner, reprendre votre foi.

Pour moi je vous louerai, ce fera mon emploi,
Je fais que c'eſt ſouvent un partage ſtérile,
  Et que la Fontaine & Virgile,
Recueilloient rarement le fruit de leurs Chanſons.
D'un inutile Dieu malheureux nourriſſons,
 Nous femons pour autrui. J'oſe bien vous le
         dire ;
Mon cœur de la Duclos fut quelque tems charmé,
L'amour en ſa faveur avoit formé ma lyre,
Je chantois la Duclos, un autre en fut aimé;
  C'étoit bien la peine d'écrire.
Je vous louerai pourtant, il me fera trop doux
De vous chanter; & même ſans vous plaire,
  Mes chanſons feront mon ſalaire
  N'eſt ce rien de parler de vous?

A

Mr. l'Abbé de Servien.

✣-✣-✣-✣-✣-✣

Aimable Abbé, dans Paris autrefois,
La volupté de toi reçut des loix;
Les ris badins, les graces enjouées,
A te fervir dès longtems dévouées,
Et dès longtems fuyant les yeux du Roi,
Marchoient fouvent entre Philippe & toi,
Te prodiguoient leurs faveurs libérales,
Et de leurs mains marquoient dans leurs annales,
En lettres d'or, mots & contes joyeux,
De ton efprit enfant capricieux.
O doux plaifirs amis de l'innocence;
Plaifirs goûtés au fein de l'indolence:
Et des dévots cependant inconnus;
O jours heureux qu'êtes vous devenus;
Helas! j'ai vû les graces éplorées,
Le fein meurtri, pâles, défefpérées,
J'ai vû les ris triftes & confternés,
Jetter les fleurs dont ils étoient ornés,

Les yeux en pleurs & foupirant leurs peines,
Ils fuivoient tous le chemin de Vincennes,
Et regardant ce Château malheureux,
Aux beaux efprits, hélas fi dangereux!
Redemandoient au deftin en coléte,
L'aimable Abbé qui leur fervoit de père.
N'imite point leur cruel défefpoir,
Et puis qu'enfin tu ne peux plus revoir,
L'aimable Prince, à qui tu plus, qui t'aime,
Ofe aujourd'hui te fuffire à toi même.
On ne peut vivre au donjon comme ici,
Le deftin change, il faut changer auffi.
Au fel attique au riant badinage
Il faut mêler la force & le courage,
A fon état mefurant fes defirs,
Selon les tems fe faire des plaifirs;
Et fuivre enfin conduit par la nature,
Tantôt Socrate & tantôt Epicure.
Tel dans fon art un pilote affuré,
Maître des flots dont il eft entouré;
Sous un ciel pur où brillent les étoiles,
Au vent propice abandonne fes voiles,
Et quand Neptune a foulevé les flots,

Dans la tempête il trouve le repos.
D'un ancre fûr il fend la molle aréne,
Trompe des vents l'impétueufe haleine,
Et du trident bravant les rudes coups,
Tranquille & fier rit des Dieux en couroux.
Tu peux Abbé du fort jadis propice,
Par ta vertu corriger l'injuftice;
Tu peux changer ce donjon détefté
En un palais par Minerve habité;
Le froid ennui, la fombre inquiétude,
Monftres affreux nés dans la folitude,
De ra prifon vont bientôt t'exiler.
Vois dans tes bras de toutes parts voler,
L'oubli des maux le fommeil défirable,
L'indifférence au cœur inaltérable,
Qui dédaignant les outrages du fort,
Voit d'un même œil, & la vie & la mort,
La paix tranquille & la conftance altiere,
Au front d'airain à la démarche fiere,
A qui jamais ni les Rois ni les Dieux,
La foudre en main n'ont fait baiffer les yeux.
Divinités des fages adorées,
Que chez les Grands vous êtes ignorées!

Le fol amour, l'orgueil préfomptueux,
Des vains plaifirs l'effain tumultueux,
Troupe volage à l'erreur confacrée,
De leur palais vous défendent l'entrée?
Mais la retraite a pour vous des appas,
Dans nos malheurs vous nous tendés les bras.
Des paffions la troupe confondue,
A votre afpect difparoît éperdue,
Par vous heureux au milieu des revers,
Le Philofophe eft libre dans les fers;
Ainfi Fouquet dont Thémis fut le guide,
Du vrai mérite appui ferme & folide,
Tant refpecté tant pleuré des neuf fœurs,
Le grand Fouquet au comble des malheurs,
Frappé des coups d'une main vigoureufe,
Fut plus content dans fa demeure affreufe,
Environné de fa feule vertu
Que quand jadis de fplendeur revêtu,
D'adulateurs une Cour importune,
Venoit en foule adorer fa fortune.
Suis donc, Abbé, ce Héros malheureux:
Mais ne va pas triftement vertueux
Sous le beau nom de la Philofophie

Sacrifier à la mélancolie,
Et par chagrin plus que par fermeté,
T'accoutumer à la calamité.
Ne paſſons point les bornes raiſonnables.
Dans tes beaux jours quand les Dieux favo-
rables
Prenoient plaiſir à combler tes ſouhaits,
Nous t'avons vû méritant leurs bienfaits,
Voluptueux avec délicateſſe,
Dans le plaiſir reſpecter la ſageſſe;
Par le deſtin aujourd'hui maltraité
Dans la ſageſſe aime la volupté.
D'un eſprit ſain d'un cœur toûjours tranquille,
Attends qu'un jour de ton noir domicile,
On te rappelle au bien-heureux ſéjour,
. . . .
Que les plaiſirs, les graces & les jeux,
Quand dans Paris ils te verront paroître;
Puiſſent ſans peine encore te reconnoître;
Sois tel alors que tu fus autrefois;
Et cependant que Sulli quelquefois
Dans ton château vienne par ſa préſence
Contre le ſort affermir ta conſtance;
Rien n'eſt plus doux après la liberté,

Qu'un bon ami dans la captivité,
Il est connu chez le Dieu du Permesse,
Grand sans fierté, simple & doux sans bas-
  sesse,
Peu courtisan, partout homme de foi,
Et digne enfin d'un oncle tel que toi.

RÉPONSE

A

Monsieur Racine

Sur son Poëme

DE LA GRACE.

Cher Racine, j'ai lû dans les Vers didactiques,
De ton Janſenius les Dogmes fanatiques;
Quelque fois je t'admire, & ne te crois en rien:
Si ton ſtile me plaît, ton Dieu neſt pas le mien,
Tu m'en fais un Tyran je veux qu'il ſoit mon Père,
Ton hommage eſt forcé, mon culte eſt volontaire,
De ſon ſang mieux que toi je reconnois le prix,
Tu le ſers en eſclave, & je l'adore en fils.
Crois moi n'affecte plus une inutile audace,

Il faut comprendre Dieu pour comprendre sa grace,
Soumettons nos esprits, présentons lui nos cœurs,
Et soyons des Chrétiens, & non pas des Docteurs.

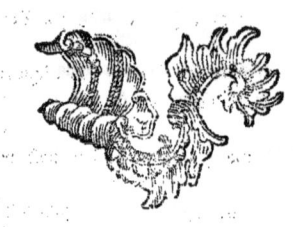

VERS

A

MADEMOISELLE LE COUVREUR

PAR

MR. DE VOLTAIRE.

L'heureux talent dont vous charmez la France
Avoit en vous brillé dès votre enfance:
Il fut dès-lors dangereux de vous voir,
Et vous plaifiez même fans le favoir.
Sur le Théatre heureufement conduite,
Parmi les vœux de cent cœurs empreffés,
Vous récitiez par la nature inftruite,
C'étoit beaucoup: ce n'étoit point affez.
Il vous fallut encore un plus grand maître:
Permettez-moi de faire ici connoître
Quel eft ce Dieu de qui l'art enchanteur
Vous a donné votre gloire fuprême;
Le tendre amour me l'a conté lui même.
On me dira que l'amour eft menteur:
Hélas! je fais qu'il faut qu'on s'en défie.
Qui mieux que moi connoît fa perfidie?

Qui fouffre plus de fa déloyauté ?
Je ne croirai cet enfant de ma vie;
Mais cette fois il m'a dit vérité.
Ce même amour, Venus & Melpoméne
Loin de Paris faifoient voyage un jour;
Ces Dieux charmans vinrent dans un féjour
Où vos attraits éclatoient fur la fcène.
Chacun des trois avec étonnement
Vit cette grace & fimple & naturelle,
Qui faifoit lors votre unique ornement,
Ah! dit l'amour, cette jeune mortelle
Mérite bien que fans retardement,
Nous répandions tous nos tréfors fur elle.
Ce qu'un Dieu veut fe fait dans le moment.
Tout auffitôt la tragique Déeffe
Vous infpira le goût, le fentiment,
Le pathétique & la délicateffe.
Moi, dit Venus je lui fais un préfent
Plus précieux: & c'eft le don de plaire:
Elle accroîtra l'empire de Cythére,
A fon afpect tout cœur fera troublé,
Tous les efprits voudront lui rendre hommage.
Moi, dit l'amour, je ferai davantage:

Je veux qu'elle aime, à peine eut-il parlé,
Que dans l'inftant vous devintes parfaite.
Sans aucun foin, fans étude, fans fard,
Des paffions vous fûtes l'interprête,
O de l'amour adorable fujette,
N'oubliez pas le fecret de votre art.

APOTHÉOSE

DE

Mademoiselle le Couvreur
Actrice,

Mort le 2. Mars 1730.

Quel contraste frappe mes yeux ?
Melpomene ici désolée,
Eleve avec l'aveu des Dieux
Un magnifique Maufolée.
Si la superstition,
Distinguant jusqu'à la poussiere
Fait un point de religion
D'en couvrir une ombre légere;
Ombre illustre, console-toi,
En tous lieux la terre est égale;
Et lorsque la parque fatale
Nous fait subir sa triste loi,
Peu nous importe où notre cendre
Doive repofer, pour attendre
Ce tems où tous les préjugés
Seront à la fin abroyés.

Ces

Ces lieux ceffent d'être profanes,
En contenant d'illuftres mânes,
Ton tombeau fera refpecté.
S'il neft pas fouvent fréquenté
Par les difeurs de pate-nôtres,
Sans doute il le fera par d'autres,
Dont l'hommage plus naturel
Rendra ton mérite immortel.
Au lieu d'ennuyeufes matines,
Les graces en habit de deuil,
Chanteront des hymnes divines:
Tous les matins fur ton cercueil,
Sophocle, Corneille, Racine
Sans ceffe y répandront des fleurs
Tandis que Jocaste ou Pauline
Verferont des torrens de pleurs.
Enfin pour ton apothéofe
On doit te faire une Ode en Profe;
Le chef-d'œuvre d'un bel efprit
Vaudra bien du moins un obit.
Méprife donc cette injuftice,
Qui fait refufer à ton corps
Ce que par un plus grand caprice
Obtiendra Pelletier des forts.

Tome V.   R

Cette ombre impie & criminelle,
La honte du nom françois,
Quelque jour dans une chapelle
Brillera sous l'appui des loix.
Ainsi par un destin bizarre
Ce Ministre dur & barbare
Doit reposer avec splendeur,
Tandis qu'avec ignominie,
A l'émule de Cornelie
On refuse le même honneur.

FRAGMENT.

O̧r ce fut donc par un Mardi fans faute,
En beau printems, un jour de Pentecôte,
Qu'un bruit étrange en furfaut m'éveilla.
. . . .
Je vis paroître au bout de ma ruelle,
Trente corbeaux de rapine affamés,
Monftres crochus que l'enfer a formés.
L'un près de moi s'approche en fycophante;
Un maintien doux, une démarche lente,
Un air caffard, un compliment flatteur,
Cache le fiel qui lui ronge le cœur.
Mon fils, dit-il, la Cour fait vos mérites,
On y connoît les bons mots que vous dites,
Vos jolis Vers & vos galans Ecrits;
Et comme ici tout travail a fon prix,
Le Roi, mon fils, plein de reconnoiffance,
Veut de vos Vers vous donner récompenfe,
Et vous accorde en dépit des rivaux,
Un logement dans un de fes Châteaux:
Les gens de bien qui font à votre porte,

Avec respect vous serviront d'escorte;
Et moi, mon fils, je viens de par le Roi,
Pour m'acquitter de mon petit emploi.

. . . .

J'eus beau prêcher & j'eus beau me défendre,
Tous ces Messieurs d'un air doux & benin,
Obligeamment me prirent par la main;
Allons, mon fils, marchons: fallut se rendre;
Fallut partir: Je fus enfin conduit,
Modestement dans le fatal réduit,
Que près Saint Paul ont vû bâtir nos pères,
Par (*) Charles-Quint; oh gens de bien,
                               mes frères,
Que Dieu vous garde d'un pareil logement,
J'arrive enfin dans mon appartement:
Certain Croquant avec douce maniere,
Du nouveau gîte exaltoit la beauté,
Perfection, aise, commodité;
Jamais Phébus, dit-il dans sa carriere,
De ses rayons n'y porte la lumiere,
Voyez les murs de dix pieds d'épaisseur,
Vous y ferez avec plus de fraicheur,

(*) *Roi de France, dit le Sage.*

Puis me faifoit admirer la clôture,
Triple la porte, & triple la ferrure,
Grilles, barreaux, verroux de tout côté,
Cela, Monfieur, pour votre fûreté.
Midi fonnant, un chaudeau l'on m'apporte,
La chair n'étoit délicate ni forte,
De ce beau mets je n'étoit point tenté ;
Mangez en paix, ici rien ne vous preffe :
Me voilà donc en ce lieu de détreffe,
Embaftillé, niché fort à l'étroit,
Ne dormant point, buvant chaud, mangeant froid,
Trahi de tous, même de ma Maîtreffe.

PROLOGUE

A

S. A. S. Madame la Duchesse du Maine,

A une Repréfentation de la Comédie de la Prude, le 15 Decembre 1747.

O vous dans tous les tems par Minerve
               infpirée,
Des plaifirs de l'efprit Protectrice éclairée,
Vous avez vû finir ce fiécle glorieux,
Ce fiécle des talens accordé par les Dieux.
    Vainement on fe diffimule
Qu'on fait pour l'égaler des efforts fuperflus,
Daignez favorifer ce foible crépufcule
    Du beau jour qui ne brille plus
Ranimez les accens des filles de mémoire,
De la France à jamais éclairez les efprits,
Et lorfque vos enfans combattent pour fa gloire,
    Soutenez la dans vos Ecrits.

Vous n'avez point ici de ces pompeux spec-
tacles,
Où le Chant & la Danse étalent leurs miracles;
Daignez-vous abaisser à de moindres sujets:
L'esprit aime à changer de plaisirs & d'objets.
Nous possédons bien peu, c'est ce peu qu'on
vous donne:
A peine à nos récits vous verrez quelques
traits
D'un comique oublié que Paris abandonne.
Puissent tant de beautés dont les brillans
attraits,
Valent mieux, à mon sens, que les Vers les
mieux faits,
S'amuser avec vous d'une prude friponne,
Qu'elles n'imiterent jamais,
On peut bien sans effronterie,
Aux yeux de la raison, jouer la pruderie:
Et puisque tout défaut à sceaux est combattu,
Quand on fait devant vous la Satyre du vice,
C'est un nouvel hommage, un nouveau sacrifice.
Que l'on présente à la vertu.

VERS

Pour être mis fous le Portrait

DE

Madame la Duchesse de Chateleraut.

L es Dieux en lui donnant naiffance,
Aux lieux par la Saxe envahis,
Lui donnerent pour récompenfe
Le goût qu'on ne trouve qu'en France,
Et l'efprit de tous les pays.

VERS

Pour mettre au bas du Portrait

DE

MADAME LA MARQUISE
DU CH...

C'eſt ainſi que la vérité
Pour mieux établir ſa puiſſance,
A pris les traits de la beauté,
Et les graces de l'éloquence.

STANCES.

Souvent la plus belle Princesse
Languit dans l'âge du bonheur:
L'étiquette de la grandeur,
Quand rien n'occupe, n'intéresse,
Laisse un vuide affreux dans le cœur.

Souvent même un grand Roi s'étonne,
Entouré de sujets soumis,
Que tout l'éclat de sa couronne
Jamais en secret ne lui donne
Le bonheur qu'il s'étoit promis.

On croiroit que le jeu console:
Mais l'ennui vient à pas comptés
A la table d'un Cavagnole
S'asseoir entre deux Majestés.

On fait tristement grande chère,
Sans dire & sans écouter rien,
Tandis que l'hébêté vulgaire
Vous assiége, vous confidére,
Et croit voir le souverain bien.

Le lendemain, quand l'hémisphére
Est brûlé des feux du soleil,
On s'arrache aux bras du sommeil,
Sans savoir ce que l'on va faire.

De soi-même peu satisfait,
On veut du monde, il embarrasse;
Le plaisir fuit, le jour se passe
Sans savoir ce que l'on a fait.

O tems! o perte irréparable!
Quel est l'instant où nous vivons?
Quoi! la vie est si peu durable,
Et les jours nous semblent si longs!

Princesse au dessus de votre âge,
De deux Cours auguste ornement,
Vous employez bien tristement
Le tems qui si rapidement
Trompe la jeunesse volage.

Vous cultivez l'esprit charmant
Que vous a donné la nature;
Les reflexions, la lecture,
En font le solide agrément,
Et son usage, & sa parure.

VERS
Sur le Mariage
DU
FILS DU DOGE DE VENISE
AVEC
LA FILLE D'UN ANCIEN DOGE.

Venise & la mère d'amour
Naquirent dans le sein de l'onde;
Ces deux Puissances tour à tour,
Ont été la gloire du monde.
C'est pour éterniser un triomphe si beau,
Qu'aujourd'hui l'amour sans bandeau
Unit deux cœurs qu'il favorise,
Et c'est un triomphe nouveau
Et pour Venus & pour Venise.

A

MADAME LA COMTESSE
DE S****.

Qui a une très-belle voix, & qui joue du Violon
comme les plus grands Maîtres.

Sous tes doigts, l'archet d'Apollon
Etonne mon ame & l'enchante;
J'entends bientôt ta voix touchante:
J'oublie alors ton violon;
Tu parles, & mon cœur plus tendre,
De ta voix ne se souvient plus:
Mais tes regards font au dessus
De tout ce que je viens d'entendre.

Au Duc Leopold et a Madame la Duchesse de Lorraine,

En leur préfentant la Tragédie d'Oedipe.

O vous, de vos fujets l'exemple & les délices,
Vous qui regnez fur eux, en les comblant de biens,
De mes foibles talens acceptez les prémices;
C'eft aux Dieux qu'on les doit, & vous êtes les miens.

INSCRIPTION

Pour le Portrait

DE

DOM CALMET.

Des oracles sacrés que Dieu daigne vous rendre,
Son travail assidu perça l'obscurité :

Il fit plus ; il les crut avec simplicité,

Et fut, par ses vertus, digne de les entendre.

NUIT BLANCHE DE SULLY,

Pour

Mad. de la Vrilliere.

Quelle beauté, dans cette nuit profonde
Vient éclairer nos rivages heureux ?
Seroit-ce point la Nymphe de cette onde,
Qu'améne ici le Satyre amoureux ?
Je vois s'enfuïr la jaloufe Driade ;
Je vois venir le Faune dangereux.
Non, ce n'eft point une fimple Nayade :
A tant d'attraits dont nos cœurs font frappés,
A cette grace, a cet art de nous plaire,
A ces amours autour d'elle attroupés,
Je reconnois Venus ou la Vrilliere.
O Déïté, qui que tu fois des deux,
Vous qui venez prendre un rhume en ces lieux,
Heureux cent fois, heureux l'aimable afyle
Qui, vers minuit, pofféde vos appas,
Et plus heureux les rimeurs qu'on exile
Dans ces beaux lieux honorés par vos pas !

A LA MEME.

Venez, charmant moineau, venez dans ce bocage;
Tous les oiseaux, surpris & confondus,
Admireront votre plumage;
Les pigeons du char de Venus
Viendront même vous rendre hommage.
Joli moineau que vous dire de plus?
Heureux qui peut vous plaire & qui peut vous entendre!
Vous plaisez par la voix, vous charmez par les yeux:
Mais le nom de moineau vous siéroit un peu mieux,
Si vous étiez un peu plus tendre.

Pour

Madame de Listenay.

Aimable Listenay, notre fête grotesque
 Ne doit point déplaire à vos yeux :
Les amours en *chiant-lits* déguifés en ces lieux
Sont toûjours les amours, & l'habit roma-
    nefque
Dont ils font revêtus, ne les a pas changés.
Vous les voyez encor autour de vous rangés.
Ces guenillons brillans, ces mafques, ce mi-
    ftére,
Ces méchans violons dont on vous étourdit,
 Ce bal & ce fabat maudit,
Tout cela dit pourtant que l'on voudroit vous
    plaire.

A

SA MAJESTÉ LE ROI
DE PRUSSE. (*)

Quoi! Vous êtes Monarque, & Vous m'ai-
mez encore
Quoi! le premier moment de cette heureuse
aurore
Qui promet à la terre un jour si lumineux,
Marqué par Vos bontés, met le comble à
mes vœux!
O cœur toûjours senfible! ame toûjours égale!
Vos mains du trône à moi rempliffent l'intervalle?
Et philofophe Roi, méprifant la grandeur,
Vous m'écrivez en homme, & parlez à mon
cœur!
Vous favez qu'Apollon le Dieu de la lumière
N'a pas toûjours du ciel éclairé la carriere:

(*) La moitié de cette Epître fe trouve dans la Collection des Oeuvres de Mr. DE VOLTAIRE. Nous la donnons ici telle qu'elle a été faite, & les Vers méritent bien d'être tous confervés.

Dans un champêtre azile il paſſa d'heureux
jours,
Les arts qu'il y fit naître, y furent ſes
amours,
Il chanta la vertu. Sa divine harmonie
Polit des Phrygiens le ſauvage génie,
Solide en ſes Diſcours, ſublime en ſes Chan-
ſons,
Du grand art de penſer il donna des leçons.
Ce fut le ſiécle d'or; car malgré l'ignorance,
L'âge d'or en effet eſt le ſiécle où l'on penſe.
Un Paſteur étranger, attiré vers ſes bords,
Du Dieu de l'harmonie entendit les accords.
A ſes ſons enchanteurs il accorda ſa lyre,
Le Dieu qui l'approuva, prit le ſoin de l'in-
ſtruire;
Mais le Dieu ſe cachoit, & le ſimple étranger
Ne connut, n'admira, n'aima que le berger.
Je ſuis cet étranger, ce Paſteur ſolitaire;
Mais quel eſt l'Apollon qui m'échauffe &
m'éclaire?
C'eſt à vous de le dire, ô vous qui l'admirés!
Peuples qu'il rend heureux, ſujets qui l'a-
dorés.
A l'Europe étonnée annoncés votre maître;

Les vertus, les talens, les plaisirs vont renaître;
Les sages de la terre, appellés à sa voix,
Accourent pour l'entendre & reçoivent ses
loix.
Et toi, dont la vertu brilla persécutée,
Toi qui prouvas un Dieu, mais qu'on nom-
moit Athée;
Martyr de la raison, que l'envie en fureur,
Chassa de son pays par les mains de l'erreur,
Reviens, il n'est plus rien qu'un Philosophe
craigne;
Socrate est sur le trône, & la vérité regne.
Cet or qu'on entassoit, ce pur sang des Etats
Qui leur donne la mort en ne circulant pas,
Répandu par ses mains au gré de sa prudence,
Va ranimer la vie, & porter l'abondance.
La sanglante injustice expire sous ses pieds,
Déja les Rois voisins sont tous ses alliés,
Ses sujets sont ses fils, l'honnête homme est
son frère,
Ses mains portent l'olive, & s'arment pour
la guerre.
Il ne recherche point ces énormes Soldats,
Ce superbe appareil inutile aux combats,
Fardeaux embarrassans, colosses de la guerre,

Enlevés à prix d'or aux deux bouts de la terre;
Il veut dans ses guerriers, le zéle & la valeur,
Et sans les mésurer juge d'eux par le cœur.
Il est Héros en tout, puisqu'en tout il est juste;
Il fait qu'aux yeux du sage on a ce titre
     auguste.
Par des soins bienfaisans, plus que par des
     exploits,
Trajan, non loin du Gange enchaîne trente
     Rois.
A peine a-t-il un nom fameux par la victoire,
Connu par ses bienfaits, sa bonté fit sa gloire.
Jerusalem conquise & ses murs abattus
N'ont point éternisé le grand cœur de Titus;
Il fut aimé, voilà sa grandeur véritable.
O Vous qui l'imitez! Vous, son rival aimable,
Effacez le Héros dont Vous suivez les pas;
Titus perdit un jour, & Vous n'en perdrez
     pas.

VERS

AU

MARECHAL DE SAXE,

En lui envoyant la défense du Mondain.

Oui, je suis loin de m'en dédire :
    Le luxe a des charmes puiffans ;
    Il encourage les talens ;
    Il eſt la gloire d'un Empire.

Il reſſemble aux vins délicats :
    Il faut s'en permettre l'uſage ;
    Le plaiſir ſied très-bien au ſage ;
    Buvez, ne vous enyvrez pas.

Qui ne ſait pas faire abſtinence,
    Sait mal goûter la volupté ;
    Et qui craint trop la pauvreté,
    N'eſt pas digne de l'opulence.

DISCOURS.

Juges plus éclairés que ceux qui, dans Athénes,
Firent naître & fleurir les loix de Melpomene;
Daignés encourager des jeux & des écrits
Qui, de votre suffrage, attendent tous leur prix :
De vos décisions le flambeau salutaire
Est le guide assûré qui mene à l'art de plaire.
En vain, contre son juge, un Auteur mutiné
Vous accuse ou se plaint quand il est condamné :
Un peu tumultueux, mais juste & respectable,
Ce tribunal est libre & toûjours équitable.
Si l'on vit quelquefois des écrit ennuyeux
Trouver par d'heureux traits, grace devant vos yeux;
Ils n'obtinrent jamais grace en votre mémoire :
Applaudis sans mérite; ils sont, chez vous, sans gloire :
Et vous vous empressés seulement à cueillir

Les fleurs que vous fentés qu'un moment va
flétrir.
D'un Acteur quelquefois la féduifante adreffe
D'un Vers dur & fans grace adoucit la ru-
deffe :
Des défauts embellis ne vous révoltent plus.
C'eft *Baron* qu'on aimoit; ce n'eft pas Régulus,
Sous le nom de *Couvreur* Conftance a pû pa-
roître :
Le public eft féduit mais alors il doit l'être :
Et fe livrant lui même à ce charmant attrait,
Ecoute avec plaifir ce qu'il lit à regret.
Souvent vous démêlés, dans un nouvel ou-
vrage,
De l'or faux & du vrai le trompeur affem-
blage :
On vous voit tour à tour applaudir, réprouver;
Et pardonner fa chûte à qui peut s'élever.
Des fons fiers & hardis, du Théatre tragique
Paris court avec joye aux graces du comique :
C'eft là qu'il veut qu'on change & d'efprit &
de ton :
Il fe plaît au naïf, il s'égaye au boufion :
Mais il aime furtout qu'une main libre & fûre
Trace des mœurs du tems, la riante verdure.

S 5

Ainſi, dans le ſentier avant lui peu battu,
Moliere, en ſe jouant, conduit à la vertu.
Folâtrant quelquefois ſous un habit groteſque,
Une Muſe deſcend au faux goût du burleſque :
On peut, à ce caprice en paſſant, s'abaiſſer ;
Mais moins pour applaudir que pour ſe délaſſer.
Heureux les purs écrits que la ſageſſe anime ;
Qui font rire l'eſprit, qu'on aime & qu'on eſtime !

Tel eſt du Glorieux, le chaſte & ſage Auteur :
Dans ces Vers épurés, la vertu parle au cœur.
Voilà ce qui nous plaît, voilà ce qui nous touche :
Et non ces froids bons mots dont l'homme s'effarouche :
Inſipide entretien des plus groſſiers eſprits,
Qui font naître à la fois le rire & le mépris.
Ah ! qu'à jamais la ſcène, ou ſublime, ou plaiſante,
Soit des vertus, du monde, une école charmante !
François, c'eſt dans ces lieux qu'on vous peint tour-à-tour
La grandeur des Héros, les dangers de l'amour :

Souffrés que la terreur aujourd'hui reparoisse:
Que d'*Eschile* au tombeau, l'audace ici re-
naisse.
Si l'on a trop osé, si dans nos foibles Chants
Sur des tons trop hardis nous montons nos
accens,
Ne découragés point un effort téméraire:
Eh! peut-on trop oser, quand on cherche à
vous plaire?
Daignés vous transporter dans ces tems, dans
ces lieux,
Chez les premiers humains vivans avec les
Dieux;
Et que votre raison se ramene à des Fables
Que Sophocle & la Grèce ont rendu vénérables.
Vous n'aurés point ici ce poison si flatteur
Que la main de l'amour apprête avec douceur.
Souvent, dans l'art d'aimer, Melpomene avilie
Farda ses nobles traits du pinceau de Thalie:
On vit des Courtisans, des Héros déguisés,
Pousser de froids soupirs en madrigaux usés
Non, ce n'est point ainsi qu'il est permis qu'on
aime
L'amour n'est excusé que lorsqu'il est ex-
trême.

Mais ne vous plairiés vous qu'aux fureurs
des amans?
A leurs pleurs, à leur joie, à leurs empor-
temens?
N'eſt-il point d'autres coups pour ébranler une
ame?
Sans les flambeaux d'amour, il eſt des traits
de flamme:
Il eſt des ſentimens, des vertus, des malheurs
Qui, d'un cœur élevé, ſavent tirer des pleurs:
Aux ſublimes accens des Chantres de la Grèce,
On s'attendrit en homme, on pleure ſans
foibleſſe,
Mais pour ſuivre les pas de ces premiers
Auteurs,
De ce ſpectacle utile illuſtres inventeurs
Il faudroit pouvoir joindre, en ſa fougue
tragique,
L'élégance moderne, avec la force antique:
D'un œil critique & juſte il faut l'examiner;
Se corriger cent fois, ne ſe rien pardonner;
Et ſoi-même avec fruit ſe jugeant par avance
Par ſes ſévérités gagner votre indulgence.

A

Monsieur le P. Henault.

V̲otre amufement lyrique
M'a paru du meilleur ton:
Si Linus fait la mufique,
Les Vers font d'Anacréon.
L'Anacréon de la Gréce
Vaut-il celui de Paris!
Il chanta la douce yvreffe
De Silene & de Cypris;
Mais fit-il avec fageffe
L'hiftoire de fon pays?
Après des travaux auftères,
Dans de doux délaffemens,
Vous célébrez des chimères;
Elles font de tous les tems:
Elles nous font néceffaires;

Nous sommes de vieux enfans;
Nos erreurs sont nos lisieres;
Et nos vanités légeres
Nous bercent en cheveux blancs.

EPITRE

A

Madame la Comtesse de ✱✱✱.

Auteur d'un petit Roman intitulé :

LA COMTESSE DE SAVOYE.

La Fayette & Segrais couple fublime & tendre,
Le modele avant vous de nos galans écrits;
Vinrent l'autre jour dans Paris
Des champs élifiens fur les ailes des Ris :
D'où ne viendroit-on point, Sapho, pour vous entendre ?
A vos genoux tous deux humiliés,
Tous deux vaincus, & pourtant pleins de joie;
Ils mirent leur Zaïde aux pieds
De la *Comteſſe de Savoye:*
Ils avoient bien raifon, quel Dieu, charmant Auteur,
Quel Dieu vous a donné ce langage enchanteur ?
La force, la délicateſſe,

La fimplicité, la nobleffe
Que *Fenelon* feul avoit joint?
Ce naturel charmant dont l'art n'approche point?
Sapho, qui ne croiroit que l'amour vous infpire?
Mais vous vous contentez de vanter fon Empire;
Vous nous peignez *Mendoce* en feu,
Et la vertueufe foibleffe
De fa chancelante maîtreffe,
Qui lui fait en fuyant, un fi charmant aveu.
Ah! pouvez-vous donner ces leçons de tendreffe,
Vous qui les pratiquez fi peu?
C'eft ainfi que *Marot* fur fa lyre incrédule,
Du Dieu qu'il méconnut prouva la fainteté:
Vous avez pour l'amour auffi peu de fcrupule;
Vous ne le fervez point, & vous l'avez chanté.
Adieu; malgré mes épilogues,
Puiffiez-vous pourtant tous les ans,
Me lire deux ou trois Romans;
Et taxer quatre fynagogues.

ÉPITRE

a

MADEMOISELLE SALLE,
DANSEUSE DE L'OPERA.

Les amours pleurant votre abfence
Loin de nous s'étoient envolés;
Enfin les voilà rappellés
Dans le féjour de leur naiffance:
Je les vis ces enfans aîlés
Voler en foule fur la Seine
Pour voir triompher leur Reine.
Leurs Etats furent affemblés,
Tout avoit déferté Cithère.
Le jour, le plus beau de vos jours
Où vous reçutes de leur mère
Et la ceinture & les amours,
Des Ris l'effain vif & folâtre
Avoit occupé le Théatre,
Sous les formes de mille amans;

Venus & les Nimphes parées
De modernes habillemens,
Des loges s'étoient emparées;
Un tas de vains perturbateurs
Soulevant les flots du Parterre,
A vous à vos admirateurs
Vint aussi déclarer la guerre:
Je vis leur parti frémissant
Forcé de changer de langage,
Vous rendre en partant leur hommage;
Et jurer en applaudissant.
Restez, fille de Terpsichore,
L'amour est las de voltiger;
Laissez soupirer l'étranger
Brûlant de vous revoir encore:
Je sais que pour vous attirer,
Le solide Anglois récompense
Le mérite errant que la France
Ne fait tout au plus qu'admirer:
Par sa généreuse industrie,
Il veut envain vous rappeller;
Est-il rien qui doive égaler
Le suffrage de la patrie?

VERS

A

Feue Madame la Marquise de P****.

Les esprits & les cœurs & les remparts terribles,
Tout céde à ses efforts, tout fléchit sous sa loi;
Et *Bergopsoom*, & vous, vous êtes invincibles:
Vous n'avez cédé qu'à mon Roi.
Il vole dans vos bras du sein de la victoire;
Le prix de ses travaux n'est que dans votre cœur;
Rien ne peut augmenter sa gloire,
Et vous augmentez son bonheur.

QUATRAIN

Pour le Portrait

DE

Feue Madame la Duchesse de Bouillon.

Deux Bouillons tour-à-tour ont brillé
    dans le monde
Par la beauté, le caprice & l'esprit:
Mais la premiere eut crévé de dépit,
Si par malheur, elle eut vû la seconde,

IMPROMPTU
Sur un Carrousel donné
PAR
L E R o i d e P.....
& où présidoit
La Princesse A.....

Jamais dans Athéne & dans Rome,
On n'eut de plus beaux jours, ni de plus
      digne prix :
J'ai vû les fils de Mars fous les traits de
      Paris,
 Et Venus qui donnoit la pomme.

A

M. DE PLENN, ECOSSOIS,

Qui attendoit l'Auteur chez Madame de Græ-
figny, où il devoit lire la Pucelle, &
qui lui avoit envoyé quelques
Vers de sa façon.

Comment! Ecossois que vous êtes!
Vous voilà parmi nos Poëtes!
L'esprit est de tous les pays.
Je ferai sans doute fidéle
Au rendez-vous que j'ai promis:
Mais je ne plains point vos amis;
Car cette veuve aimable & belle
Par qui nous sommes tous séduits,
Vaut cent fois mieux que ma Pucelle.

A
MADEMOISELLE DE LA G***,

Jouant le Rôle de LUCINDE dans
l'ORACLE.

J'allois pour vous au Dieu du Pinde,
Et j'en implorois la faveur:
Il me dit, pour chanter Lucinde,
Il faut un Dieu plus séducteur.
Je cherchai loin de l'hyppocrene
Ce Dieu si puissant & si doux:
Bientôt je le trouvai sans peine,
Car il étoit à vos genoux.
Il me dit: garde-toi de croire
Que de tes Vers elle ait besoin:
De ta faveur j'ai pris le soin;
Je prendrai celui de sa gloire.

Au
Roi Stanislas,
A la clôture du Théatre de Lunéville,
en 1748.

Des jeux où préfidoient les ris & les amours,
La carriere eft bientôt bornée:
Mais la vertu dure toûjours:
Vous êtes de toute l'année;
Nous faifions vos plaifirs, & vous les aimiez courts:
Vous faites à jamais notre bonheur fuprême,
Et vous nous donnez tous les jours
Un fpectacle inconnu trop fouvent dans les Cours;
C'eft celui d'un Roi que l'on aime.

A
Madame du Boccage.

En vain MILTON, dont vous fuivez les traces,
Peint l'âge d'or comme un fonge effacé:
Dans vos écrits embellis par les graces,
On croit revoir un tems trop tôt paffé.
Vivre avec vous dans le temple des Mûfes,
Lire vos Vers, & les voir applaudis,
Malgré l'enfer, le ferpent & fes rufes,
Charmante Eglé, voilà le paradis.

BILLET

A

Mr. le C**** de B***.

Votre Muse vive & coquette
Cher Abbé, me paroît plus faite
Pour un souper avec l'amour,
Que pour un souper de Poëte,
Venez demain chez *Luxembourg*
Venez la tête couronnée
De lauriers, de Myrthe & de fleurs,
Et que ma Muse un peu fanée
Se ranime par les couleurs
Dont votre jeunesse est ornée!

A

MADAME DE ***.

Le nouveau Trajan des Lorrains,
Comme Roi, n'a point mon hommage;
Vos yeux feroient plus fouverains :
Mais ce n'eft pas ce qui m'engage;
Je crains les belles & les Rois;
Ils abufent trop de leurs droits;
Ils exigent trop d'efclavage :
Amoureux de ma liberté,
Pourquoi donc me voi-je arrêté
Dans des chaînes qui m'ont fû plaire?
Votre efprit, votre caractere
Font fur moi ce que n'ont pû faire
Ni la grandeur, ni la beauté.

LES DEUX TEMPLES.

De l'amour le temple vanté
Dans un siécle loin de notre âge
N'avoit dit-on qu'un seul passage
Etroit obscur mais fréquenté.
C'étoit par là que la constance
Vers des plaisirs si désirés
Vous menoit à pas mésurés
A la lueur de l'espérance.
Il s'en trouve deux aujourd'hui!
L'aveugle Dieu de la Finance
En a dans son impatience,
Fait faire un tout exprès pour lui,
Cette porte n'est pas la mienne;
Mon chagrin n'en seroit pas grand,
N'étoit cependant qu'en l'ouvrant
On a presque comblé l'ancienne.

Sur

L'INAUGURATION

DE

L'Université de Vienne.

Quand un Roi bienfaisant que ses peuples
     bénissent
 Les a comblé de ses bienfaits
Les autres Nations à sa gloire applaudissent
Les étrangers charmés deviennent ses sujets.
Tous les Rois à l'envi vont suivre ses ex-
     emples
Il est le bienfaiteur du reste des mortels
Et tandis qu'aux beaux arts il éleve des
     temples
 Dans nos cœurs il a des autels
Dans Vienne à l'indigence on donne des
     aziles
Aux guerriers des leçons, des honneurs aux
     beaux arts
 Et des secours aux arts utiles

Connoiffés à ces traits la fille des Céfars
Du Danube embelli les rives fortunées
Font retentir les voix des premiers des Ger-
mains
Leurs chants font parvenus aux Alpes éton-
nées
Et l'écho les redit aux rivages romains
Le Rhône impétueux & la Tamife altiere
Répétent les mêmes accens.
THERESE & fon époux ont dans l'Europe
entiere
Un concert d'applaudiffemens.
Couple augufte & chéri recevés cet hommage
Que cent Nations ont diƈté
Pardonnés cet éloge & fouffrés ce langage
En faveur de la vérité.

IMPROMPTU

En paſſant près de Fontenoy.

Rivage teint de ſang que répandit Bellone
 Vaſte tombeau de nos guerriers
J'aime mieux les épis dont Ceres vous cou-
 ronne
Que des moiſſons de gloire & de triſtes
 lauriers
Falloit-il donc grand Dieu pour un maudit
 village
Voir couler plus de ſang qu'aux bords du
 Simois ?
Ah ce qui paroît grand aux peuples éblouis
 Eſt bien petit aux yeux du ſage !

Au
P. Hereditaire de Brunsvic
Par
La petite Corneille.

Quoi vous venez dans nos hameaux!
Corneille dont je tiens le sang qui m'a
fait naître
Corneille à cet honneur eut prétendu
peut-être
Il auroit pû vous plaire, il peignoit vos
égaux.
On vous reçoit bien mal en ce défert fau-
vage
Les respects à la fin deviennent ennuyeux
Votre gloire vous fuit, mais il faut davantage
Et si j'avois quinze ans je vous recevrois
mieux.

A
Mr. le Comte d'Argental.

On difoit que l'hymen a l'intérêt pour frère
Qu'il eft traitre fans choix, aveugle, mercenaire
Ce n'eft point là l'hymen on le connoît bien mal
Ce Dieu des cœurs heureux eft chez vous d'Argental.
La vertu le conduit, la tendreffe l'anime
Le bonheur fur fes pas eft fixé fans retour
Le véritable hymen eft le fils de l'eftime
 Et le frère du tendre amour.

VERS
à M. LA C. DE B***.
Sur un bruit qui courut que VOLTAIRE
étoit mort.

Aimable fille d'une mère
Qui vous tranfmit fes agrémens,
Jeune héritiere des talens
De la fenfible DESHOULIERE,
Avec deux beaux yeux & vingt ans
Quoi vous daignez, bonne Glycere,
Vous occuper des vieilles gens
Et des fleurs de votre printems
Parer ma tête octogenaire.
Oui, grace aux Dieux, je fuis ma chère
Encore au nombre des vivans.
Vous l'ignorez, je vous entends
C'eft qu'on l'ignore aux lieux charmans
Où les belles & les amans
Font leur réfidence ordinaire;
Vous tenez le fceptre à Cythere,
Et je fais que depuis longtems
On n'y dit plus que feu VOLTAIRE.

FRAGMENT

CONTRE

LES FLATTEURS.

✼ ✼ ✼ ✼ ✼

Princes & Rois, ſi vous ſavés l'hiſtoire,
Vous avés tous préſent à la mémoire
Ce grand combat, ce ſpectacle fameux,
Près d'Actium, lorſque l'on vit ſur l'onde
Flotter l'empire & le deſtin du monde;
Ce fut, je penſe, en ſept cens vingt & deux,
Vous ſavés tous comment l'habile Octave,
Toûjours heureux, ſans être jamais brave,
Eut la victoire, & ne combattît point;
Comment Antoine, épris juſqu'au délire
D'une beauté perfide au dernier point,
Laiſſa, pour elle, & la gloire & l'empire,
Mais ſavés-vous quand, du combat d'Epire,
Rome avilie attendoit un tyran,
Ce que faiſoit dans Rome un courtiſan?
Vous l'ignorés, & je vais vous le dire:

„ Il inſtruiſoit douze de ces oiſeaux
„ Au pourpoint verd, dont la langue in-
diſcrete,
„ Comme nos ſots, tant bien que mal repéte,
„ Les mots épars qu'on jette en leurs cer-
veaux;
„ Six pour *Antoine*, & l'autre moitié contre,
„ Forment des vœux par le flatteur dictés. „
Octave arrive, on vole à ſa rencontre,
Et juſqu'aux cieux ſes exploits ſont portés;
Dès qu'il paroît ſuivi de ſes phalanges,
Des Antonins les ſix cols ſont tordus,
Le reſte dit: Vivat *Octavius*.
Princes & Rois, fiés-vous aux louanges.

A

MADAME LA COMTESSE DE ✴ ✴ ✴.

Pour excufer un jeune homme, qui s'étoit
avifé de devenir amoureux d'elle.

Il eſt difficile de taire
Ce qu'on fent au fond de fon cœur;
L'exprimer eſt un autre affaire.
Il ne faut point parler qu'on ne foit fûr de
plaire;
Souvent on eſt un fat en montrant tant d'ar-
deur:
Mais foupirer tout bas feroit-ce vous déplaire?
Puniſſez-vous, ainfi qu'un téméraire,
L'amant difcret, foumis dans fon malheur,
Qui fait cacher fa flamme & fa douleur?
Ah! trop de gens vous mettroient en colere.

AUTRE.

De C*** j'apperçus l'autre jour
Les yeux charmans s'enflammer de colere,
J'allai m'en plaindre au maître de Cythere,
A ce grand Dieu que l'on appelle amour.
    Hélas! ta plainte est inutile,
Me dit ce Dieu, tu perdras tous tes vœux.
    Lui plaire n'est pas facile,
    La choquer est dangereux,
    La féduire est difficile.
Je fuis embarraffé moi-même avec mes feux,
Avec tout mon pouvoir, & mes foins & mon zéle,
   Et tu n'est pas le premier malheureux
   Qui vient à moi fe plaindre d'elle.

Sur

L'USAGE DE LA VIE,

Pour répondre aux Critiques qu'on avoit faites du Mondain.

Sachés mes très chers amis,
Qu'en parlant de l'abondance,
J'ai chanté la jouiſſance
Des plaiſirs purs & permis,
Et jamais l'intempérance.
Gens de bien voluptueux,
Je ne veux que vous apprendre
L'art peu connu d'être heureux;
Cet art qui doit tout comprendre
Eſt de moderer ſes vœux:
Gardés de vous y méprendre.
Les plaiſirs, dans l'âge tendre,
S'empreſſent à vous flatter:
Sachés que pour les goûter,
Il faut ſavoir les quitter,
Les quitter pour les reprendre;
Paſſés du fracas des Cours

A la douce solitude;
Quittés les jeux pour l'étude;
Changés tout hors vos amours.
D'une recherche importune,
Que vos cœurs embarrassés
Ne volent point empressés
Vers les biens que la fortune
Trop loin de vous a placés.
Laissés la fleur étrangere
Embellir d'autres climats:
Cueillés d'une main légere
Celle qui naît sous vos pas;
Tout rang, tout sexe, tout âge
Reconnoît la même loi;
Chaque mortel en partage
A son bonheur près de soi.
L'inépuisable nature
Prend soin de la nourriture
Des tigres & des lions,
Sans que sa main abandonne
Le moucheron qui bourdonne
Sur les feuilles des buissons;
Et tandis que l'aigle altiere,
S'applaudit de sa carriere,

Dans le vaste champs des airs,
La tranquille Philomele
A sa compagne fidèle
Module ses doux concerts.
Jouiffés donc de la vie,
Soit que dans l'adversité
Elle paroisse avilie,
Soit que sa prospérité
Irrite l'œil de l'envie.
Tout est égal, croyés-moi :
On voit souvent plus d'un Roi
Que la tristesse environne ;
Les brillans de la couronne
Ne sauvent point de l'ennui :
Ses valets de pied, ses pages,
Jeunes, indiscrets, volages
Sont plus fortunés que lui.
La Princesse & la bergere
Soupirent également,
Et si leur ame différe
C'est en un point seulement :
Philis a plus de tendresse,
Philis aime constamment,
Et bien mieux que Son Altesse . .

Comme je sacrifierai
Tous vos auguftes attraits
Aux charmes de ma maîtreffe!
Un deftin trop rigoureux
A mes tranfports amoureux
Ravit cet objet aimable:
Mais dans l'ennui qui m'accable,
Si mes amis font heureux,
Je ferai moins miférable.

IMITATION D'UNE IDYLLE
DE
THEOCRITE.

Reine des nuits, dis quel fut mon amour;
Comme en mon fein, les friffons & la flamme
Se fuccédoient, me perdoient tour à tour;
Quels doux tranfports égarerent mon ame;
Comment mes yeux cherchoient en vain le jour;
Comme j'aimois & fans fonger à plaire:
Je ne pouvois ni parler ni me taire . . . .
Reine des nuits, dis quel fut mon amour,
Mon amant vint: ô momens déle&ables!
Il prit mes mains, tu le fais, tu le vis;
Tu fus témoin de fes fermens coupables,
De fes baifers, de ceux que je rendis,
Des voluptés dont je fus enyvrée,
Momens charmans paffés-vous fans retour?
Daphnis trahit la foi qu'il m'a jurée:
Reine des nuits, dis quel fut mon amour.

Au
Landgrave de Hesse,

Sous le nom d'une Dame, pour le remercier
d'une boëte ornée de fon Portrait.

J'ai baifé ce Portrait charmant;
Je vous l'avouerai fans myftére;
Mes filles en ont fait autant :
Mais c'eft un fécret qu'il faut taire
Une fille dit rarement
Ce qu'elle fit ou voulut faire.
Vous trouverez bon qu'une mère
Vous parle un peu plus hardiment;
Et Vous verrez qu'également,
En tous les tems Vous favez plaire.

A

Mr. le Comte de Schowalow,

CHAMBELAN DE L'IMPERATRICE
DE RUSSIE,

Sur son Epître à Ninon.

L'Amour, Epicure, Apollon
Ont dicté vos Vers que j'adore;
Mes yeux ont vû mourir Ninon,
Mais Chapelle respire encore.

VERS
présentés
à La Feue Reine en 1725.

Fille de ce guerrier qu'une sage Province
Eleva justement au comble des honneurs,
Qui sût vivre en Héros, en Philosophe, en
      Prince,
Au dessus des revers, au dessus des grandeurs;
Du ciel qui vous chérit la sagesse profonde
Vous amene aujourd'hui dans l'Empire françois
Pour y servir d'exemple, & pour donner des
      loix.
La fortune souvent fait les maîtres du monde:
Mais dans votre maison, la vertu fait les Rois.
Aux enfans d'Apollon, montrez-vous favorable;
Du trône redouté que vous rendez aimable,
Daignez m'encourager d'un seul de vos regards:
Et songez que Pallas, cette auguste Déesse,
Dont vous avez le port, la bonté, la sagesse,
Est la Divinité qui préside aux beaux-arts.

AU

ROI DE PRUSSE,

En lui envoyant le Manufcrit d'Orefte.

Grand Juge & grand faifeur de Vers,
Lifez cette œuvre dramatique
Ce croquis de la fcène antique,
Que des Grecs le pinceau tragique,
Fit admirer à l'univers ;
Faut-il que la flamme amoureufe
D'une Electre de quarante ans,
Dans de pareils événemens,
Etale les beaux fentimens
D'une héroïne doucereufe ?
En maffacrant fes chers parens
D'une main peu refpectueufe,
Une Princeffe en fon printems,
Qui furtout n'auroit rien à faire,
Pourroit avoir par paffe-tems
A fes pieds un ou deux amans,
Et les tromper avec myftére :

Mais la fille d'Agamemnon
N'eut dans la tête d'autre affaire,
Que d'être digne de son nom,
Et de venger le Roi son père,
Et j'estime encor que son frère
Ne doit pas être un céladon,
Ce Héros fort atrabilaire
N'étoit pas né sur le lignon.
Apprenez-moi, mon Apollon,
Si j'ai tort d'être si sévere,
Et lequel des deux doit vous plaire,
De SOPHOCLE ou de CREBILLON,
SOPHOCLE peut avoir raison,
Et laisser des torts à VOLTAIRE.

A

MONSIEUR DE SECONDAT,

Sur la Mort

DE

MR. DE MONTESQUIEU.

※—※—※—※—※

Digne fils d'un illuftre père;
Je viens avec toi le pleurer:
Les Dieux ont voulu retirer
Cette ame accordée à la terre
Pour l'embellir & l'éclairer.
Couronné par la main d'Aftrée,
Dont il releva les autels
MONTESQUIEU vit dans l'empirée,
Il voit fous fes pas immortels
Gronder, éclater fur nos têtes
Les vents, la foudre & les tempêtes
Effroi révéré des mortels.
Ses yeux contemplent l'harmonie

De ces globes prodigieux,
Flottans fans nombre fous les cieux;
Tandis qu'au prix de notre vie,
Barbares ridiculement
Sur cette trifte fourmilliere,
Nous difputons fuperbement
Un peu de boue & de pouffiere.
Hélas nous perdons la lumiere,
Par qui nos yeux pouvoient s'ouvrir:
Ce fiécle de fer & de fange
N'étoit pas fait pour en jouïr;
Le ciel nous l'enleve & fe venge!
MONTESQUIEU vit l'opinion
Déchirer & brûler fon livre;
Et la vaine & foible raifon
Vanter fes leçons fans les fuivre.
Il porta jufque dans fes mœurs
Le fublime de fes idées;
Forcé d'écrafer des pygmées,
Qui réuniffoient leur fureur,
Par l'éclat de fon feu rapide
Il confond leurs traits impofteurs:

Sur les bords célèbres du Xante,
Les Dieux que la fable nous vante,
Combattirent moins noblement.
O peuple brillant & barbare,
Quelle inconféquence bizarre
Signale ton aveuglement!
Ce législateur, ce grand homme,
Que l'univers vous envia,
Eut été Solon ou Numa
Jadis dans Athénes ou dans Rome,
En France fimple citoyen
Digne de tout il ne fut rien.
Des colonnes & des ftatues
Autrefois l'auroient illuftré;
Ses cendres reftent confondues
Dans celles d'un peuple ignoré.
Nos ayeux, leurs nobles exemples,
N'ont plus aujourd'hui de rivaux;
La vertu chez eux eut des temples,
Et n'a pas chez nous des tombeaux.
Mais les plus nobles fépultures

De marbre & d'airain périront;
Des humains les races futures
Mille fois se succéderont;
Toûjours nouveaux dans tous les âges
Montesquieu jamais ne mourra;
Avec eux son nom renaîtra,
Et ses temples font ses ouvrages.

RÉPONSE

DE

MONSIEUR DE VOLTAIRE

A

MONSIEUR DE ✱✱✱.

Hélas! que je me fens confondre
Par tes vers & par tes talens!
Pourrai-je encore à quarante ans
Les mériter & leur répondre?
Le tems, la trifte adverfité
Détend les cordes de ma lyre;
Les jeux, les amours m'ont quitté:
C'eft à toi qu'ils viennent fourire;
C'eft toi qu'ils veulent infpirer,
Toi qui fais dans la double yvreffe
Chanter, adorer ta maîtreffe,
En jouïr & la célébrer.

Adieu quand mon bonheur s'envole,
Quand je n'ai plus que des défirs,
Ta félicité me confole
De la perte de mes plaifirs.

VERS

A

Monsieur le Chevalier de Castellux,

Qui avoit envoyé à l'Auteur son Discours
de Réception à l'Académie
Françoise.

Dans ma jeunesse avec caprice,
Ayant voulu tater de tout,
Je bâtis un temple du goût:
Mais c'étoit un mince édifice.
Vous en élevez un plus beau;
Vous y logez auprès du maître,
Et le goût est un Dieu nouveau
Qui vous a nommé son Grand-Prêtre.

Au
Roi de Prusse.

Héros, dans les malheurs, prompt à les réparer,
Au plus terrible orage oppofant fon génie.

 Il voit l'Europe réunie,

 Pour le combattre & l'admirer.

VERS
DE
Monsieur de Voltaire
Auᵏ
C. d'Argenson,

Sur le refus qu'il lui a fait de revenir en France.

Par votre humeur le monde est gouverné,
Vos volontés font le calme & l'orage,
Vous vous riez de me voir confiné
Loin de la Cour au fond de mon village;
N'est-ce donc rien que d'être à foi?
D'être sans soins, de vivre sans emploi,
D'avoir dompté la plainte & l'espérance,
Ah! si le ciel, qui me traite si bien,
Avoit pitié de vous & de la France,
Votre bonheur seroit égal au mien.

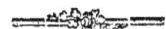

A

MADEMOISELLE .

Dont l'Amant s'étoit noyé à cause de son infidélité.

Eglé, je jure à vos genoux
Que, s'il faut, pour votre inconstance,
Noyer ou votre amant ou vous,
Je vous donne la préférence.

A

MADAME LA MARQUISE
D'ANTREMONT.

✶✶✶✶✶

Ancien difciple d'Apollon,
J'errois fur les bords du Cocite,
Lorfque le Dieu de l'Hélicon,
Dit à fa mufe favorite :
Ecrivez à ce vieux barbon ;
Elle m'écrit, je reffufcite.

A

L'Imperatrice Reine.

Marc Aurele, autrefois des Princes le modele
Sur les devoirs des Rois inftruifoit nos ayeux

Et Therese fait à vos yeux

Tout ce qu'écrivit Marc Aurele.

VERS

AU

SIEUR DESRIVIERES,
SOLDAT DU REGIMENT DES GARDES-FRAN-
ÇOISES, DE LA COMPAGNIE
DE LA TOUR,

A l'occasion d'un Livre intitulé: *Loisirs d'un
Soldat &c.*

Soldat, digne de Xenophon,

Ou d'un César, ou d'un Biron,

Ton écrit dans les cœurs allume

Un feu d'une héroïque ardeur;

Ton Régiment sera vainqueur,

Par ton courage & par ta plume.

RÉPONSE
A
M. Closier, de Montpellier,

Lorſque vous me parlez des graces natu-
  relles
  Du Héros votre Commandant,
Et de la Déïté qu'on adore à Bruxelles,
  C'eſt un langage qu'on entend.
La grace du Seigneur eſt bien d'une autre
  eſpèce :
Moins vous me l'expliquez, plus vous en
  parlez bien,
  Je l'adore, & n'y comprends rien.
L'attendre & l'ignorer, voilà notre ſageſſe,
Tout Doćteur, il eſt vrai, ſait le ſécret de
  Dieu ?
Elus de l'autre monde ils ſont dignes d'envie
  Mais qui vit auprès d'Emilie,
  Ou bien auprès de *Richelieu*,
  Eſt un élu de cette vie.

VERS

Tirés d'une Lettre

A

Monsieur de Belloi.

Les neuf Muses font sœurs & les Beaux-
Arts font fréres,
Quelque peu de malignité
A dérangé par fois cette fraternité:
La famille en souffrit, & des mains étran-
geres
De ces débats ont profité.
C'est dans son union qu'est son grand avan-
tage:
Alors elle en impose aux pédans, aux bigots;
Elle devient l'effroi des sots,
La lumiere du siécle & le soutien du sage;
Elle ne flatte point les riches & les grands,
Ceux qui dédaignoient son encens,
Se font honneur de son suffrage,
Et les Rois sont ses Courtisans.

A
Madame D****.
du Château des Délices.

L'art n'y fait rien : les beaux noms les beaux lieux,
Très rarement nous donnent le bien-être :
Eſt-on heureux, hélas ! pour le paroître ?
Et ſuffit-il d'en impoſer aux yeux ?

J'ai vû jadis l'Abbeſſe *de la joye*,
Malgré ce titre a la douleur en proye :
Dans Sans-Souci, certain Roi renommé,
Fut de ſoucis quelquefois conſumé,

Il n'en eſt pas ainſi de mes retraites :
Loin des chagrins, loin de l'ambition,
De mes plaiſirs elles portent le nom :
Vous le ſavez, car c'eſt vous qui les faites.

ENVOI

d'une branche de laurier cueillie sur le tombeau de Virgile

PAR

S. A. R. Madame la Margrave de Bareith

AU

Roi de Prusse, son Frere.

Sur l'urne de Virgile un immortel laurier
De l'outrage des Tems seul a sû se défendre,
  Toûjours verd & toûjours entier,
Je voulois le cueillir, & n'osois l'entreprendre,
Prévenant mon effort, je l'ai vû se plier,
  Et cette voix s'est faite entendre;
„ Approche, auguste Sœur du moderne Ale-
            xandre;
„ Frederic de ma lyre est le digne hé-
            ritier;
„ J'y joins un nouveau don que lui seul
            peut prétendre,

„ Déja son front par Mars fut cinq fois couronné;
„ Qu'aujourd'hui par ta main il soit encore orné
„ Du laurier qu'Apollon fit naître de ma cendre.

PLACET

Pour un homme à qui le Prince de * * *
devoit de l'argent.

Prince, tous vos voisins vous doivent leur
estime;
Vos sujets vous doivent leurs cœurs,
Vous recevez partout un encens légitime
D'amour, de respect & d'honneurs,
Chacun doit son hommage à votre ardeur
guerriere.
O vous, qui me devez quelques mille ducats,
Prince si bien payé de la nature entiere,
Pourquoi ne me payez-vous pas?

A

Madame du Boccage.

J'avois fait un vœu téméraire
De chanter un jour à la fois
Les graces, l'esprit, l'art de plaire
Le talent d'unir sous ses loix
Les Dieux du Pinde & de Cythere.
Sur cet objet fixant mon choix
Je cherchois ce rare assemblage
Nul autre ne pût me toucher
Mais je vis hier DU BOCCAGE
Et je n'ai plus rien à chercher.

VERS

A

LA METTRIE,

Ecrits sur une Carte.

Je ne suis point inquiété
Si notre joyeux LA METTRIE
Perd quelquefois cette santé
Qui rend sa face si fleurie :
Quelque peu de gloutonnerie,
Avec beaucoup de volupté,
Sont les deux emplois de sa vie,
Il se conduit comme il écrit,
A la nature il s'abandonne,
Et chez lui, le plaisir guérit
Tous les maux que le plaisir donne.

IMPROMPTU

A

Monsieur le Chevalier de la Tremblaye,

Sur son voyage manuscrit de Grèce & d'Italie.

Ce Chapelle, ce Bachaumont
Avoient fait un heureux voyage:
Tout est Epigramme ou Chanson
Dans ce renommé badinage.
Vous parlez d'un plus noble ton,
Et je crois entendre Platon
Qui revenant de Siracuse,
Dans Athéne emprunte la muse
De Pindare & d'Anacréon.

INSCRIPTION
Sur la disgrace
DE
GIAFER LE BARMECIDE.

Mortel, foible mortel à qui le sort pro-
spére
Fait goûter de ses dons les charmes dangereux,
Connois quelle est des Rois la faveur passa-
gere;
Contemple BARMECIDE, & tremble d'être
heureux!

A
Monsieur le Maréchal de Richelieu,

En lui envoyant plusieurs piéces détachées.

Que de ces vains écrits, enfans de mes
beaux jours,
La lecture au moins vous amuse:
Mais, charmant Richelieu, ne traitez point
ma muse,
Ainsi que vos autres amours.
Ne l'abandonnez point, elle en sera plus
belle;
Votre aimable suffrage animera ma voix;
Richelieu, soyez-lui fidèle:
Vous le ferez pour la premiere fois.

VERS

AU

ROI STANISLAS.

Le ciel comme Henri voulut vous éprouver,
La bonté, la valeur à tous deux fut commune,
Mais mon héros fit changer la fortune
Que votre vertu fait braver.

EXTRAIT

d'une Lettre en réponse à des Vers

DE

M. LE PRINCE BELOSELSKI, RUSSE.

D ans des climats glacés, Ovide vit un jour
Une fille du tendre Orphée,
D'un beau feu leur ame échauffée,
Fit des chansons, des vers, & surtout fit
l'amour,
Les Dieux bénirent leur tendresse;
Il en naquit un fils orné de leurs talens:
Vous en êtes issu: connoissez vos parens
Et tous vos titres de noblesse.

A

MADAME DU D***.

J'ai reçu, Madame, une Lettre charmante: comment ne le feroit-elle pas, écrite par vous & par Monsieur de *Formont*? Une Lettre de vous est une faveur dont je n'avois pas besoin d'être privé si longtems, pour en sentir tout le prix. Mais des Vers! des rimes redoublées! voilà de quoi me tourner la cervelle mille fois, si votre Prose d'ailleurs ne suffisoit pas.

>De qui font-ils ces Vers heureux,
>Légers, faciles, gracieux?
>Ils ont, comme vous, l'art de plaire;
>Du Deffans vous êtes la mère
>De ces enfans ingénieux;

> *Formont*, cet autre pareſſeux,
> En eſt-il avec vous le père?
> Ils ſont bien dignes de tous deux:
> Mais je ne les méritois guéres.

J'en ſuis enchanté pourtant comme ſi je les méritois, il eſt triſte de n'avoir de ces bonnes fortunes-là qu'une fois par an tout au plus.

> Ah! ce que vous faites ſi bien,
> Pourquoi ſi rarement le faire?
> Si tel eſt votre caractere,
> Je plains celui qu'un doux lien
> Soumet à votre humeur ſévere.

Je me ſais bien bon gré d'avoir griffonné dans ma vie tant de Proſe & tant de Vers, puiſque cela a l'honneur de vous amuſer quelquefois.... Je vois que Dieu a touché votre cœur, & que vous n'êtes pas loin du royaume des cieux, puiſque vous avez du penchant pour mes bons Quakers.

Ils ont bien le ton familier:
Mais c'eſt celui de l'innocence;
Un Quaker dit tout ce qu'il penſe;
Il faut, s'il vous plaît, eſſuyer
Sa naïve & rude éloquence:
Car en voulant vous avouer
Que ſur ſon cœur ſimple & groſſier,
Vous avez entiere puiſſance,
Il eſt homme à vous tutoyer.
Heureux le mortel enchanté,
Qui, dans vos bras, belle Délie,
Dans ces momens où l'on s'oublie,
Peut prendre cette liberté,
Sans choquer la civilité
De notre nation polie!

Quelque bégueule reſpectable trouvera peut-être ces derniers Vers un peu forts: mais vous qui êtes reſpectable ſans être bégueule, vous me les pardonnerez.

LETTRE

DE

Monsieur de Voltaire

A

Mr. de ***.

Vous savez penser comme écrire;
Les graces avec la raison
Vous ont confié leur empire;
L'horrible superstition,
Sous vos traits délicats expire:
Ainsi l'immortel Apollon
Charme l'olympe par sa lyre,
Tandis que les fléches qu'il tire,
Ecrasent le serpent Pithon.
Il est Dieu quand par son courage
Ce monstre affreux est terrassé;
Il l'est, quand son brillant visage
Rallume le jour éclipsé:
Mais aux pieds de la jeune Issé,
Je le crois Dieu bien davantage.

Moins le hibou de *Ferney*, Monsieur, mérite vos jolis Vers : plus il vous en doit de remercimens, il s'intéresse vivement à vous, il connoît ce que vous valez.

> Les erreurs & les passions
> De vos beaux ans font l'apanage;
> Sous cet amas d'illusions,
> Vous renfermez l'ame d'un sage,

Je vous retiens pour un des soutiens de la Philosophie : je vous en avertis; vous serez détrompé de tout; vous ferez un jour des nôtres.

> Plein d'esprit, doux & sociable,
> Ce n'est pas assez, croyez-moi;
> C'est pour autrui qu'on est aimable
> Mais il faut être heureux pour soi.

Nous avons une cellule nouvelle, & nous en bâtissons une autre : vous savez combien vous êtes aimé dans notre couvent.

QUATRAIN.

Nous tromper dans nos entreprises,
C'est à quoi nous sommes sujets;
Le matin je fais des projets,
Et le long du jour des sottises.

www.ingramcontent.com/pod-product-compliance
Lightning Source LLC
Chambersburg PA
CBHW050754170426
43202CB00013B/2420